SUR LE BOUT DE LA LANGUE

Né en 1972, Bertrand Périer est avocat au Conseil d'État et à la Cour de cassation. Spécialiste reconnu de l'art oratoire, il enseigne cette discipline à Sciences Po et HEC. Il prépare également les élèves de l'université Paris VIII au concours *Eloquentia*, qui désigne le meilleur orateur de la Seine-Saint-Denis.

Paru au Livre de Poche :

La parole est un sport de combat

BERTRAND PÉRIER

avec la collaboration d'Adeline Fleury

Sur le bout de la langue

Le plaisir du mot juste

JC LATTÈS

ISBN : 978-2-253-10135-2 – 1re publication LGF

À mes parents,
qui m'ont transmis
la délicieuse obsession du mot juste.

AVANT-PROPOS

Les mots sont mes plus chers compagnons.

Ils sont d'abord, bien sûr, mes outils de travail : puisque la mission de défense des avocats passe avant tout par la parole, je les utilise quotidiennement pour exprimer une idée, formuler un argument, conseiller un client ou tenter de réveiller un juge assoupi.

Mais ils représentent, bien au-delà, une source permanente d'émerveillement, de découverte et de plaisir. Il y a dans le jeu avec les mots une forme de griserie inépuisable, les mots eux-mêmes offrant une infinité de portes ouvertes sur le monde pour le décrire, le transformer, s'en échapper. Choisir comme dans une boîte à outils le mieux adapté, le plus exact, le plus inattendu : quelle délectation !

C'est ce goût des mots que je m'efforce de transmettre aux jeunes que je forme à la prise de parole en public ou que je rencontre à l'occasion de ces concours d'éloquence qui, partout, fleurissent depuis quelques années.

Je dois aux mots une fière chandelle. Ils m'ont accompagné dans mon parcours avec une fidélité sans faille. D'abord les mots silencieux, ceux qu'on lit pour soi, dans lesquels on se réfugie, qui peuplent les solitudes, dessinent des mondes imaginaires, des voyages immobiles et des vies alternatives. Puis, petit à petit, les mots sonores, ceux que l'on veut déclamer, partager, proférer pour leur donner un supplément d'âme, en se disant que l'oral, c'est l'écrit plus la vie.

J'ai raconté ce parcours de réconciliation avec l'oralité dans mon premier ouvrage, *La parole est un sport de combat*. J'y ai expliqué comment ma fascination pour l'éloquence, cet art de bien dire pour plaire, émouvoir et convaincre, avait changé ma vie.

Mais rien n'aurait été possible sans un goût prononcé pour le « mot juste », celui qui exprime de la façon la plus exacte la pensée de l'orateur. La langue française recèle trop de richesses pour que l'on se contente d'un à-peu-près.

À la table familiale, déjà, nous cherchions toujours ce fameux mot juste, celui dont on sait confusément qu'il existe, mais qui ne vient pas instinctivement, celui qui se fait désirer mais qui seul exprime véritablement l'idée qui nous transporte ou le sentiment qui nous anime. Le mot précis, idoine, qui pourtant se dérobe, celui que l'on a tant de fois eu « sur le bout de la langue ».

Depuis, cette quête n'a jamais cessé et je n'aime rien tant que la découverte d'un nouveau mot, qui ouvre un autre champ de possibles. Les Inuits disposent, paraît-il, de cinquante mots pour désigner la neige, les Grecs de l'Antiquité en avaient quatre pour nommer l'amour : *agapè* (l'amour désintéressé, divin, universel, inconditionnel), *éros* (l'amour charnel, la concupiscence, le plaisir corporel), *storgê* (l'affection familiale) et *philia* (l'amitié, l'amour bienveillant, le plaisir de la compagnie). C'est dire que notre vocabulaire révèle notre rapport au monde tout autant qu'il le façonne.

Aussi loin que je me souvienne, j'ai toujours entretenu avec les mots un rapport étroit, fort, intime. C'est assez pratique lorsqu'on est timide : les mots ne refusent jamais l'amitié qu'on leur porte. Mieux, ils la rendent au centuple. Enfant, dictionnaires et encyclopédies m'ont accompagné. Je les feuilletais avec gourmandise et passion, ils étaient des fenêtres ouvertes sur la science, l'art, l'histoire, les civilisations anciennes ou éloignées, la nature, la géographie. Je me souviens surtout d'un livre de rimes qui était toujours à portée de main dans ma bibliothèque. Et lorsque au collège j'avais dû résumer un acte d'*Andromaque*, je l'avais fait en vers. À la fois par jeu, par défi et par désœuvrement !

Adolescent, mon éveil aux polysémies, aux jeux de mots, aux rimes, aux allitérations, aux homophonies s'est nourri de la rencontre de grands acrobates de la langue française, au premier rang desquels Raymond Devos, que je tiens pour un magicien absolu du verbe et un poète hors pair, humoriste mais aussi jongleur, danseur, musicien (ah, ce bandonéon !), clown, mime ! Je sais bien que la forme d'humour qu'il incarne apparaît aujourd'hui un peu datée, vieillotte, voire surannée. Mais je me réjouis de savoir que les textes de Raymond Devos sont étudiés dans les écoles, et que les jeunes générations peuvent à leur tour s'émerveiller de cet absurde sans méchanceté, de ces mondes oniriques que dessinait l'artiste avant, toujours, de ramener son public à bon port, pour qu'il puisse reprendre pied dans le réel.

Avec mes parents, nous allions également au théâtre des Deux-Ânes, à Paris, écouter les chansonniers. Les noms de deux d'entre eux me reviennent : Christian Vebel et Pierre-Jean Vaillard. Les chansonniers célébraient eux aussi le culte du bon mot, mais sous une autre forme, plus vive et plus légère, celle de la rime, du trait d'esprit, de l'élégance, de la raillerie. Ma jeunesse a été bercée par ces virtuoses de la langue, teintée du bonheur de la découverte de termes inconnus, et vite envahie par l'exploration passionnée du jeu subtil de leurs sons et de leurs sens.

J'aime à penser que l'on progresse au pays des mots comme les explorateurs le font dans des terres vierges : plus on découvre, plus on prend la mesure de l'ampleur de son ignorance. Je confesse bien volontiers ne connaître qu'une infime partie des mots de la langue française. Je me console en me disant que beaucoup de vocables que j'ignore relèvent de jargons professionnels et ne me manquent pas vraiment. Mais je me désespère en découvrant la magie d'un mot jusqu'alors ignoré et dont il m'apparaît qu'il aurait enrichi mon existence si je l'avais rencontré plus tôt, parce qu'il n'a pas vraiment d'équivalent et qu'il m'aurait permis de dire la réalité de façon plus fidèle. J'ai ainsi eu des regrets récents sur « vulnéraire » (qui guérit les plaies ou les blessures), « agélaste » (qui ne rit jamais) ou « hyalin » (transparent comme du verre) qui ne sont sortis de l'ombre pour moi que tardivement…

Aujourd'hui encore, mon rapport aux mots se nourrit de l'admiration que j'ai pour quelques-uns de leurs serviteurs majeurs, parmi lesquels figurent, dans un Panthéon tout subjectif, mon maître d'éloquence Marc Bonnant ou le comédien Fabrice Luchini. Il y a d'ailleurs presque, à les écouter – le premier improvisant avec l'agilité et la profondeur confondantes des plus grands tribuns, l'autre magnifiant par la clarté de sa diction les textes les plus célèbres ou les plus ardus –, une forme de plaisir masochiste : comme c'est bon de se voir rappeler de temps en temps, par contraste, la pauvreté de son lexique !

On dit parfois que le vocabulaire de nos contemporains s'amenuise. La langue française comporte environ 60 000 mots, mais nous n'en connaissons en moyenne que 5 000 et n'en utilisons guère plus de

1 000 à 2 000 par jour : la partie émergée de l'iceberg. Or il n'y a rien de plus dangereux pour les mots que la désuétude, l'abandon. Comme il y a des langues mortes, il y a malheureusement des mots morts. Mais je ne puis me résoudre à l'idée que les encyclopédies deviennent des nécrologies, des musées ou des cimetières de mots dont on garderait pieusement le souvenir après les avoir laissés dépérir faute de les avoir employés.

Soyons des écologistes des mots, savourons les espèces menacées que sont « fuligineux », « alacrité », « polymathe », « évergète » ou « parousie » !

J'ai conçu les pages qui suivent comme une déclaration d'amour aux mots, à des mots du quotidien mais aussi à des mots incongrus, à des mots oubliés, à des mots de jargon, à des mots qui font rêver, à des mots qui font voyager, à des mots qui décrivent et à des mots qui évoquent.

J'ai choisi huit domaines qui me sont chers et dans lesquels les mots me paraissent jouer un rôle majeur : la loi, la musique, la gastronomie, la foi, la jeunesse, la politique, le sport, l'amour. Ce choix est délibérément subjectif et vous invite donc à explorer mon univers lexical. Nous nous connaîtrons ainsi un peu mieux. Mais ce n'est pas tout : à la fin de chaque chapitre, je vous propose un ou plusieurs jeux qui vous permettront, à votre tour, de partir à la recherche de vos mots justes.

Soyez les bienvenus ! Le voyage va commencer.

Et surtout, en chemin et après l'arrivée, n'oubliez pas de rendre régulièrement visite au plus beau mot de la langue française : le mot « dictionnaire », car il contient tous les autres !

Les mots font la loi

Voici une audience. Le juge, à l'avocat, sur un ton qui n'est pas celui d'une question mais celui d'une invitation :

— Maître, vous déposez ?

L'avocat répond :

— Monsieur le président, je suis corps présent.

Le juge enchaîne :

— Bon, mais alors par observations.

Admettons que vous soyez le client, profane, assis au fond de la salle : vous n'avez rien compris à ce dialogue abscons. C'est normal. Mieux encore : c'est fait pour. Pas de panique, je vous aide à décrypter la scène.

Le juge veut dire :

— Vous avez déjà développé vos arguments dans un document écrit que vous m'avez adressé, vous pouvez vous contenter de déposer votre dossier contenant les pièces sur lesquelles vous vous appuyez [contrats, courriers, etc.] sans plaider. Je n'ai pas le temps de vous entendre, et de toute façon il me suffit de vous lire pour prendre ma décision. Donc « vous déposez », et tout le monde aura gagné du temps.

L'avocat :

— Vous me mettez en difficulté car mon client est dans la salle [d'où le terme « corps présent »]. Je suis obligé de plaider, il ne comprendrait pas que je ne fasse que remettre un dossier.

Le juge :

— D'accord, faites vite [« par observations » signifie que le juge ne veut pas que l'avocat plaide le dossier dans son intégralité, mais souhaite qu'il se focalise sur les points essentiels].

Comme presque toutes les professions, les « gens de robe » – c'est ainsi que les avocats et les magistrats s'appellent, lorsqu'ils veulent se distinguer du « reste du monde », les « moldus du droit » – cultivent un jargon dûment hermétique voire carrément ésotérique. Il leur permet d'une part de gagner du temps lorsqu'ils se parlent entre eux et de se reconnaître les uns les autres (on sait tout de suite si une lettre, même signée par un particulier ou une entreprise, a été rédigée par un avocat), et d'autre part d'impressionner les non-juristes grâce à un commode écran de fumée. Ce jargon se nourrit d'acronymes : GAV pour « garde à vue », OQTF pour « obligation de quitter le territoire français », ORTC pour « ordonnance de renvoi devant le tribunal correctionnel », PR pour « protestations et réserves », OPJ pour « officier de police judiciaire », CPPV pour « convocation par procès-verbal ».

Parfois même, entre intimidation et esbroufe, les robins tiennent des propos émaillés de locutions latines. C'est ainsi qu'ils s'envoient à la figure des « mon cher confrère, je ne vous apprends pas que *contra non valentem agere non currit praescriptio* ! », « mais enfin maître, vous n'y pensez pas, *infans conceptus pro nato habetur* ! », « Monsieur le président, je vous arrête tout de suite : *nemo auditur propriam turpitudinem allegans* », « de toute façon, *fraus omnia corrumpit*, n'est-ce pas ? ». Il y a dans ce galimatias pompeux, à la fois cuistre et grandiloquent, un côté « médecin de Molière », qui contribue à faire de la justice un monde à part, mal connu, mystérieux. Ce qui est paradoxal puisqu'en tête des milliers de décisions de justice qui sont rendues chaque jour dans notre pays figure la mention « Au nom du peuple français »...

La parole des avocats est singulière parce qu'elle est une parole d'affrontement. Que ce soit en matière civile (on appelle ainsi les procès opposant des personnes privées : des entreprises, des particuliers), en matière pénale (c'est-à-dire lorsqu'il s'agit de poursuivre des infractions) ou en matière administrative (lorsque le litige met en cause une personne publique : l'État, une commune, un hôpital public), l'avocat s'oppose à un contradicteur, qu'il désigne symboliquement par l'expression « l'autre côté de la barre ». Mais cet affrontement n'exclut pas une forme de recul. C'est précisément parce que la personne qui se trouve impliquée dans une affaire n'a pas de distance par rapport à sa cause qu'elle fait appel à un avocat. L'affrontement demeure toutefois uniquement celui des parties : les avocats peuvent, à l'audience, s'étriper sans vergogne, et ensuite se retrouver au bistrot d'en face. Les justiciables ont parfois du mal à le comprendre, mais on peut être en même temps contradicteurs et amis, avec une égale authenticité dans les deux registres.

Cela pose évidemment la question de la sincérité de la parole de l'avocat, et de son rapport à la vérité. C'est l'interpellation que nous redoutons tous dans les dîners : « Et ça ne vous gêne pas de défendre des criminels ? » Il faut donc redire d'abord que les avocats défendent tout au plus des personnes suspectées ou accusées de crimes, et qu'ils le font pour veiller à ce que la loi votée par nos représentants soit appliquée de façon juste. Il faut répéter ensuite que défendre un criminel, ce n'est pas défendre le crime : je ne fais pas l'apologie du meurtre lorsque j'assiste un meurtrier. Surgit alors inévitablement le : « Vous plaideriez donc l'innocence de quelqu'un que vous pensez coupable ? » La réponse à cette sempiternelle question m'a été donnée par un juge qui disait parfois : « Je vous relaxe, mais ne recommencez pas ! » En tant que citoyen, il pensait le prévenu coupable, mais en tant que juge, il reconnaissait n'avoir pas assez d'éléments pour le condamner, de sorte que le doute devait, comme la présomption d'innocence l'exige, lui profiter. Les avocats sont des vigies de ces principes qui nous protègent tous.

Femmes

C'est une loi du 1er décembre 1900 qui a permis « aux femmes munies des diplômes de licence en droit de prêter le serment d'avocat et d'exercer cette profession ». Cinq jours plus tard, le 6 décembre 1900, Olga Petit est ainsi devenue la première femme avocate, suivie le 19 décembre 1900 de Jeanne Chauvin. L'article du *Figaro* relatant la prestation de serment d'Olga Petit, anonymement signé « un avocat », ne peut s'empêcher quelques commentaires sur le physique de l'impétrante, « mignonne, gracieuse, la chevelure un peu ébouriffée », et sur sa robe « qu'elle aurait confectionnée elle-même », s'interrogeant même : « Pourquoi la coquetterie féminine désarmerait-elle sous la toque ? » Aujourd'hui, plus de la moitié des avocats sont des avocates, et la féminisation n'en est qu'à son début, puisque 70 % des élèves des écoles d'avocat sont des femmes. Le mouvement est identique du côté des magistrats.

Le métier d'avocat n'échappe toutefois pas au « plafond de verre », et l'on doit constater que la plupart des avocats médiatiques, notamment les avocats pénalistes, sont des hommes. Mais cette situation n'est que le reflet d'un état plus général de la société. Les avocats n'arrivent pas par miracle dans les prétoires et devant les caméras : ils s'y trouvent parce qu'ils ont été choisis par leurs clients. Il faut donc d'abord se demander pourquoi les clients désignent de préférence des hommes pour les défendre. Les stéréotypes ont la vie dure, et un homme qui porte une robe peut néanmoins être un incorrigible macho.

Serment

Les premiers mots de l'avocat sont « je le jure ». Contrairement à certaines idées reçues, les avocats ne prêtent pas serment sur le Code civil, et encore moins sur la Bible : ils prêtent serment devant la cour d'appel, donc devant des magistrats. La formule du serment est la suivante : « Je jure, comme avocat, d'exercer mes fonctions avec dignité, conscience, indépendance, probité et humanité. » C'est sous l'impulsion de Gisèle Halimi et de Robert Badinter qu'a été abandonné l'ancien texte du serment qui exigeait notamment « le respect des tribunaux, des autorités publiques » et imposait « de ne rien dire ni publier qui soit contraire aux lois, aux règlements, aux bonnes mœurs, à la sûreté de l'État et à la paix publique », toutes prohibitions qui, au fil du temps, étaient apparues exagérément restrictives de la liberté d'expression des avocats.

La prestation de serment de nouveaux avocats est toujours un moment très joyeux. À Paris, les futurs confrères sont convoqués par groupes d'une quarantaine. On prête aux garçons un nœud papillon blanc, et tous revêtent leur robe – que normalement leur famille ou leur patron leur a offerte ! – pour se rendre en procession dans la salle d'audience où les attendent leurs proches, fiers et impatients, venus parfois de loin. Les magistrats entrent, on se lève, la formule du serment est lue et chacun s'avance pour dire « Je le jure » en levant la main droite. C'est le moment précis où est prise la photo qui trônera sur les étagères et les commodes familiales. On se congratule, on se rengorge, on s'embrasse, on prend la pose, puis on s'égaille : les cafés alentour ont mis le champagne au frais.

Acquittement

C'est LE mot que les avocats rêvent d'entendre ! Il signifie que l'accusé qui comparaissait devant une cour d'assises – et qui, donc, encourait au moins dix ans de réclusion – a été déclaré non coupable, soit que la cour ait été convaincue de son innocence, soit qu'elle ait à tout le moins estimé qu'il existait un doute sérieux sur sa culpabilité. Lorsque l'accusé était en détention provisoire et comparaissait donc dans le box, le président ordonne qu'il soit immédiatement libéré, et symboliquement il quitte le box et vient s'asseoir à côté de son avocat. C'est un moment magique pour l'un comme pour l'autre.

L'inverse, le cauchemar de l'avocat, c'est le « mandat de dépôt à l'audience ». Si un accusé comparaît libre et qu'il est condamné à une peine de prison ferme, le service d'ordre s'empare immédiatement de lui et le conduit dans un premier temps dans le box, puis à la fin de l'audience en prison. Tout va tellement vite, les pleurs, les cris, le sac avec quelques affaires qu'on avait préparé « au cas où », les embrassades. Et le cliquetis des menottes, ce bruit froid qui nous hante et nous ronge.

Honoraires

Les avocats exercent une profession libérale. Ils fixent donc librement le montant de leurs honoraires, sauf lorsqu'ils interviennent pour les justiciables les plus démunis bénéficiant de l'aide juridictionnelle. La loi autorise expressément les avocats à jouer les Robin des Bois, puisqu'elle leur permet de prendre en compte, pour déterminer leurs honoraires, « la situation de fortune du client ». L'honoraire est un objet de fantasmes extravagants. Disons simplement qu'en cas de désaccord entre l'avocat et le client, un juge peut intervenir pour arbitrer le montant des honoraires de l'avocat, et qu'en France l'avocat ne peut faire dépendre ses honoraires uniquement d'un résultat (« je prends 20 % de ce que je vous fais gagner, je ne prends rien si je perds », ce que l'on appelle le pacte « *de quota litis* »).

L'étymologie fait de l'honoraire une question d'honneur, et parce que de ce point de vue la situation des avocats n'est guère différente de celle des médecins, rappelons-nous les mots du Dr Destouches, *alias* Louis-Ferdinand Céline, dans *Voyage au bout de la nuit* : « Quand on se fait honorer par les riches, on a l'air d'un larbin, par les pauvres on a tout du voleur. Des “honoraires” ? En voilà un mot ! Ils n'en ont déjà pas assez pour bouffer et aller au cinéma les malades, faut-il encore leur en prendre du pognon pour faire des “honoraires” avec ? »

Pour finir, une très belle histoire d'honoraires. Si vous avez la chance d'entrer dans le bureau du bâtonnier de Paris – c'est-à-dire l'avocat que ses pairs élisent tous les deux ans pour les représenter et veiller au respect de leurs règles déontologiques – vous remarquerez, sur la gauche, un magnifique éventail illustré ayant appartenu à Marie-Antoinette. On raconte traditionnellement aux visiteurs que Marie-Antoinette, partant pour l'échafaud, l'aurait offert à son avocat Chauveau-Lagarde en guise d'honoraires pour l'avoir défendue devant le Tribunal révolutionnaire. C'est une légende, mais elle est jolie.

Foi du Palais

Voilà une expression que l'on n'attend pas dans une enceinte laïque. Rien de religieux dans cette foi, pourtant ! La foi du Palais, c'est la confiance réciproque qui permet aux avocats et aux magistrats d'échanger des confidences sous le sceau d'un secret ne reposant sur aucun texte, mais résultant uniquement de la tradition commune de discrétion des gens de robe. Tant qu'on est entre soi, et sûrs que rien ne sera ébruité au-dehors, on peut tout se dire.

Le pacte tacite lie tous les interlocuteurs : le secret professionnel ne se viole pas, il se partage. « Je vous le dis sous la foi du Palais : mon client a un enfant malade dont il doit absolument s'occuper le mercredi, si vous pouviez le convoquer un autre jour… » Ou plus contestable : « Je vous le dis sous la foi du Palais : mon client est un mauvais coucheur patenté, j'ai les plus grandes difficultés à le calmer quand il s'emporte. » Le lieu iconique de la « foi du Palais » est la « buvette du Palais », où avocats et magistrats se retrouvent autour d'un sandwich et où la parole se libère plus facilement que dans la pompe compassée des salles d'audience. Alors on se laisse aller à de petits apartés, on écorne un peu sa déontologie, on cesse de se regarder en chiens de faïence, on lève le voile sur ses petits tourments, on se moque, on galèje, mais toujours sous la protection tutélaire de la foi du Palais.

Séries

Les séries télévisées mettant en scène l'univers judiciaire sont légion : *Suits*, *Murder*, *Engrenages*, *The Good Wife*, et avant celles-ci *Perry Mason* ou *Ally McBeal*. Leur succès s'explique sans doute par la fascination contemporaine pour le fait divers, pour la figure effrayante du *serial killer*, pour l'exploration cathartique des troubles les plus intimes qui expliquent le passage à l'acte. Certains producteurs engagent aujourd'hui des professionnels du droit – avocats, policiers, magistrats – en qualité de « conseillers éditoriaux » pour garantir la crédibilité du scénario (auparavant, Navarro était le seul commissaire de France à inculper lui-même les personnes qu'il interpellait, au mépris total du Code de procédure pénale !). Combien de justiciables, abreuvés de ces séries pour l'essentiel américaines, ont risqué devant un juge français un « objection, votre honneur » ou demandé si les policiers avaient un « mandat de perquisition », toutes choses que notre droit ignore !

D'innombrables séries et films ont aussi faussé l'image des avocats, les présentant comme des justiciers aux moyens illimités démontant par une contre-enquête à grand spectacle un dossier échafaudé par le procureur, ou comme des chevaliers blancs poursuivant eux-mêmes des industriels sans scrupule ou des mafieux sanguinaires. C'est ainsi que toute une génération d'avocats a exercé sous l'injonction d'être Julia Roberts dans *Erin Brockovich* ou Denzel Washington dans *Philadelphia* !

Palais de justice

La justice est donc rendue dans des palais. Rien que ça. Il y a dans cette dénomination quelque chose d'à la fois anachronique et trompeur. Sans doute un certain nombre de palais portent-ils bien leur nom, avec leurs salles hypostyles, leurs frontons de temples antiques, leurs boiseries ouvragées, leurs dorures écrasantes, leurs tapisseries lourdes, leurs fauteuils de juges ayant l'allure de trônes, leurs bibliothèques garnies de grimoires ancestraux et leurs monuments aux morts. Mais plus récemment, ce décor destiné à faire ployer le justiciable sous le poids de l'institution judiciaire a été supplanté par des bâtiments sans âme, dont les façades en verre se fissurent et dont le sol est parsemé de seaux destinés à recevoir la pluie qui ruisselle du toit.

À Paris, le Palais de justice a été scindé en deux : la cour d'appel et la Cour de cassation sont demeurées sur l'île de la Cité, alors que le tribunal de grande instance siège désormais aux abords du périphérique, porte de Clichy, dans un immeuble de trente-huit étages construit par Renzo Piano, l'architecte du Centre Pompidou, bien loin de la Sainte-Chapelle…

Le fameux « 36 », celui du quai des Orfèvres, du commissaire Maigret et de l'escalier mythique de la police judiciaire jadis gravi par Mesrine, le Dr Petiot ou Violette Nozière, a lui aussi déménagé pour s'installer aux Batignolles, rue du Bastion, au numéro… 36.

Lever la grosse

Le langage juridique est à la fois complexe et surprenant. Ainsi, nul besoin de hurler au sexisme si un avocat vous dit qu'il va « lever la grosse » : il va simplement aller au greffe du tribunal demander la copie officielle d'un jugement pour pouvoir le faire exécuter. De même, inutile d'applaudir un huissier s'il vous dit qu'il a accompli un « exploit » : il a seulement délivré un acte, ce qui est son métier. Pas davantage d'inquiétude pour l'environnement si un avocat vous explique qu'il a « ajouté une branche » : il a juste présenté un argument supplémentaire. Enfin, si votre avocat vous explique qu'il va « agir en répétition », ce n'est pas qu'il prépare une pièce de théâtre ou un concert, c'est qu'il va réclamer le remboursement d'une somme versée à tort.

Usucapion, *intuitu personae*, chirographaire, réméré, ducroire, hoirie, pollicitation, réintégrande, antichrèse, action paulienne, irrépétible, préciput, délai franc, *accedit*, litispendance, viduité, commodat, estoppel, emphytéotique, *de cujus*, *exequatur*, parère, putatif, loi du for, novation, cofidéjusseur, impenses, récolement, irréfragable, olographe, *affidavit*, pignoratif, protêt, sapiteur : tous ces mots peuplent le quotidien des juristes, et je vous laisse en découvrir le sens !

Voici toutefois quelques astuces qui vous permettront, même si vous n'êtes pas spécialiste, de donner le change et de ne pas être immédiatement rangé dans la catégorie des béotiens : les tribunaux (en première instance) rendent des jugements, les cours d'appel et la Cour de cassation rendent des arrêts ; une loi dispose et un contrat stipule (non l'inverse) ; on est prévenu d'un délit devant le tribunal correctionnel et accusé d'un crime devant la cour d'assises ; si l'on est innocent on est relaxé par le tribunal correctionnel, mais acquitté par la cour d'assises ; on parle de détention provisoire et non préventive ; on fait appel d'un jugement de première instance, mais on se pourvoit en cassation contre un arrêt de cour d'appel ; un magistrat de tribunal de grande instance est président ou juge, un magistrat de cour d'appel ou de la Cour de cassation est président ou conseiller ; un avocat général n'est pas un avocat, c'est un magistrat du parquet rattaché à une cour d'appel ou à la Cour de cassation ; on dit « parquet » pour les magistrats (procureurs) qui poursuivent les infractions (parce qu'ils s'expriment à l'audience debout sur le parquet), on dit « siège » pour les juges qui tranchent les litiges (parce qu'ils le font assis sur un siège).

Comparutions immédiates

On appelait cela, auparavant, les flagrants délits. C'est le jugement des infractions du quotidien, de la misère, du désœuvrement, des addictions en tout genre : les vols à l'étalage, les violences conjugales, les bagarres de noctambules, les rixes d'alcooliques, les petits trafics de drogue, les agressions dans le métro, etc. Des délits dont le procureur estime qu'ils sont caractérisés de façon évidente et qu'ils appellent une réponse pénale immédiate. Le prévenu est donc jugé dans la foulée de sa garde à vue.

Il faut avoir, une fois dans sa vie, assisté à une audience de comparutions immédiates. Il faut avoir vu les prévenus hagards, hébétés, exténués par quarante-huit heures de garde à vue et une nuit dans les geôles du Palais de justice, comprenant à peine qui est qui dans la salle d'audience (l'huissier, le greffier, le procureur, le président, les assesseurs), défendus par des avocats souvent commis d'office intervenant comme des sortes d'urgentistes du droit, jugés et la plupart du temps condamnés à des peines de plusieurs mois de prison en une vingtaine de minutes, le tout jusqu'à une heure avancée de la soirée, voire de la nuit. Souvent bouleversant, parfois révoltant, toujours édifiant.

Humour

La question de l'humour à la barre est délicate. Il faut être sûr de son coup : l'avocat ne parle pas pour se faire plaisir ou amuser la galerie, il parle pour défendre les intérêts d'un justiciable. Cette responsabilité l'oblige à une certaine retenue.

Pour autant, les audiences peuvent faire naître des situations de tension qui seront opportunément désamorcées par un mot d'esprit. En voici deux, authentiques, que j'aime particulièrement.

Un avocat plaide devant trois magistrats. Un premier magistrat s'endort, puis le deuxième s'assoupit, et enfin le troisième sombre. L'avocat s'arrête, et l'interruption de ce doux ronronnement réveille le président qui se redresse brusquement. L'avocat : « Excusez-moi, monsieur le président, à force d'être le seul à m'écouter plaider, j'ai fini par m'endormir moi-même. »

Un autre : un avocat, l'été, se présente en pantalon clair sous sa robe. Les juges sont visiblement choqués par cette liberté (il en est de très conservateurs !). L'avocat, sentant que les juges ne l'écoutent pas mais sont obnubilés par son pantalon : « Si la cour préfère, je peux l'enlever. »

Robe

La robe est le symbole de l'avocat. Je vous la décris, car elle le mérite. Héritière des soutanes des prêtres (à l'origine, les avocats étaient des ecclésiastiques), elle est noire. Au niveau du col se trouve un rabat en tissu blanc plissé. À l'intérieur, au niveau du dos, une bande de feutrine sur laquelle on peut faire inscrire son nom (rien n'est plus semblable à une robe qu'une autre robe, et il faut pouvoir identifier la sienne !). Sur le côté, une poche (dans le passé, elle était placée dans le dos, pour recevoir les honoraires qu'il aurait été vulgaire de réclamer, mais que le client glissait hors la vue de l'avocat comme une manifestation spontanée de sa gratitude – heureuse époque !). À l'épaule, une épitoge, morceau de tissu qui retombe sur l'arrière et qui peut comporter des rangs de fourrure blanche.

Les avocats ont très longuement débattu pour savoir s'ils pouvaient porter leurs éventuelles décorations sur leur robe. Après tout, la robe, costume commun et identique de tous les avocats, uniforme censé gommer entre eux toute distinction d'âge ou de notoriété, pouvait-elle s'accommoder de touches colorées récompensant les services distingués ou les mérites éminents ? L'affaire est remontée jusqu'à la Cour de cassation qui a tranché : « Aucune rupture d'égalité entre les avocats n'est constituée, non plus qu'aucune violation des principes essentiels de la profession, lorsqu'un avocat porte sur sa robe professionnelle les insignes des distinctions qu'il a reçues. »

C'est ainsi que l'on dit d'un avocat qui porte côte à côte les rubans rouge et bleu de la Légion d'honneur et du Mérite qu'il a « l'eau chaude et l'eau froide ».

Effets de manche

Ils n'existent plus guère. On raconte même que les fabricants de robe ont, à la demande des magistrats, ajouté un bouton aux rabats des manches des robes des avocats, pour les empêcher de les faire claquer et mettre ainsi un terme à cette pratique. De toute façon, on plaide aujourd'hui « technique », sobre et efficace. Plus question d'envolées lyriques, de périodes ampoulées ou de digressions oiseuses : elles apparaîtraient complètement incongrues. Elles appartiennent définitivement à une époque révolue où l'on plaidait autant pour son client que pour son plaisir.

Les effets de manche pouvaient d'ailleurs s'avérer dangereux. L'un des plus célèbres s'est retourné contre son auteur, l'avocat Moro-Giafferi, au procès de Landru. La question était de savoir si les femmes qui avaient disparu après avoir rencontré Landru étaient réellement mortes. Après tout, aucun cadavre n'avait été retrouvé. Moro-Giafferi tente le tout pour le tout et annonce à grand renfort d'effets que les femmes sont bien vivantes et, coup de théâtre, vont maintenant entrer dans la salle d'audience. Les regards se tournent alors vers la porte. Personne n'entre, bien sûr, mais Moro-Giafferi note que si les jurés ont regardé vers la porte, c'est qu'ils avaient un doute. L'avocat général cingle alors : « Landru, lui, n'a pas tourné la tête. » Ce qui lui vaudra de la perdre, quelques mois plus tard, sur l'échafaud.

Erreur du menuisier

C'est vraiment une expression de gens de justice. La justice pénale se joue entre quatre acteurs : le plaignant qui vient réclamer réparation (généralement pécuniaire, sous forme de dommages-intérêts) du préjudice que lui a causé l'infraction, le ministère public (le procureur) qui poursuit les délinquants notamment en requérant à leur encontre une peine (emprisonnement, amende, etc.), la personne poursuivie qui se défend et le juge qui tranche.

Or dans la quasi-totalité des salles d'audience (à ma connaissance, il n'y a qu'à Fort-de-France que ce n'est pas le cas) le procureur se situe sur la même estrade, surélevée, que le juge, laissant les avocats du plaignant et de la personne poursuivie au niveau du sol. Certains considèrent que cette surélévation du procureur au niveau du juge – qui est pourtant le seul à décider – est injustifiée et parlent d'« erreur du menuisier », comme si le menuisier ayant construit l'estrade avait commis une erreur en y plaçant le procureur. On peut aussi considérer qu'à la différence des avocats du plaignant et de la personne poursuivie qui défendent des intérêts privés, le procureur comme le juge ont en charge un intérêt public, ce qui justifie leur commune altitude.

Radio prison

Il y a de tout derrière les barreaux : de la drogue, de l'argent, des armes, des téléphones portables. Et puis il y a « radio prison ». C'est ainsi que les avocats désignent la réputation qui leur est faite par les détenus, qui compte tant pour développer une clientèle : « untel est véreux », « untel est hors de prix », « untel a fait annuler une procédure », « untel est copain avec le juge ». Les « baveux », comme on les surnomme, ont donc tout intérêt à soigner leur « radio prison ». D'une façon générale, les avocats, tout en feignant l'indifférence, sont obnubilés par l'image que renvoient d'eux leurs clients ou les journalistes. Les classements annuels des avocats – totalement subjectifs, voire parfaitement charlatanesques – qu'éditent des revues spécialisées sont scrutés à la loupe, les oubliés se plaignent, les consacrés se gaussent, les rétrogradés s'étouffent, les susceptibilités se frictionnent : les avocats ont aussi leur audimat, entre audience et fréquence.

Magistrats

L'avocat peut avoir de l'autorité par talent, le magistrat a forcément du pouvoir par fonction. La relation avocat-magistrat est donc par nature complexe. Elle relève du rapport chien-chat : parfois amis, parfois brouillés, toujours différents. Parce qu'elle est rendue par des hommes, la justice n'échappe pas aux humeurs et aux partis pris de ces derniers. On appelle cela pudiquement « l'aléa judiciaire ». C'est au demeurant ancien : dans le *Tiers Livre*, Rabelais s'amusait déjà des pratiques du juge Bridoye, qui refusait d'ouvrir les sacs dans lesquels les parties avaient rassemblé leurs pièces (c'est l'origine de l'expression « l'affaire est dans le sac »), lançait un dé et rendait sa sentence « en faveur de celui qui est privilégié par le sort qu'indique le hasard du dé judiciaire ».

Une dernière anecdote, parmi celles que les avocats se racontent dans les salles des pas perdus. L'avocat vient de l'emporter. Il appelle son client pour lui annoncer le verdict. D'une voix enjouée, il claironne : « Allô ? La vérité a triomphé ! » Le client : « Faites appel. »

À vous de jouer !

1. Vous pouvez, en famille ou entre amis, vous amuser à organiser des « faux procès ». Vous pouvez décider de juger des personnages fictifs (Tintin, Dark Vador, le Père Noël, la petite souris, OSS 117, Harry Potter, Daenerys Targaryen, James Bond), des personnages historiques (Socrate, Jésus, Robespierre, Baudelaire, Napoléon, Staline), des idées (le progrès, la mort, l'écologie, le féminisme), des événements (la Révolution française, Mai 68, la colonisation) ou même le menu du dîner. Imaginez les infractions qui peuvent leur être reprochées et répartissez-vous les rôles : le plaignant devra formuler son préjudice et demander une réparation qu'il déterminera, le procureur devra convaincre de la culpabilité et choisir la peine qui lui paraîtra la mieux adaptée, la défense pourra choisir de plaider une cause d'irresponsabilité (l'abolition du discernement – autrement dit la folie –, la légitime défense), l'innocence ou les circonstances atténuantes, le juge tranchera en expliquant sa décision d'abord sur la culpabilité puis, s'il retient la culpabilité, sur la peine qu'il aura choisie.

Une très bonne façon d'argumenter est de trouver vos propres mots autour des notions suivantes : l'innocence, la culpabilité, la justice, l'injustice, la peine, la liberté, le doute, la vérité, la preuve, l'intime conviction, la prison, le discernement.

2. Vous pouvez aussi, avant de vous endormir, vous faire l'avocat de votre journée : en quoi elle a été utile, intéressante, drôle, surprenante ; en quoi vous-même avez été généreux, enthousiaste, inventif ; en quoi vos proches se sont montrés ouverts, affectueux, à l'écoute. De tout cela, faites une plaidoirie, et à la fin, acquittez-vous vous-même !

Les mots à la bouche

J'ai un petit secret. Allez, je vous le livre, parce qu'il n'est pas si compromettant que cela. Juste derrière moi, dans mon bureau d'avocat, j'ai, comme la plupart de mes confrères, un petit meuble où je range mes Codes. Ce sont des Codes rouges de la maison Dalloz. Ça fait sérieux pour les clients. Mais si l'on regarde bien – et normalement les clients ne sont pas censés scruter le meuble de façon suffisamment insistante pour s'en apercevoir ! – un intrus se cache dans cette rangée : le *Guide Michelin*. Le camouflage est presque indécelable, car les Codes Dalloz ont exactement la même forme, la même épaisseur et la même couleur que le *Guide Michelin*. C'est pratique : je peux passer en un instant du Code pénal à l'os à moelle !

Et je ne m'en prive pas : les noms des restaurants, les intitulés des plats, les étoiles, les fourchettes et les bibendums constituent un univers en soi, bien moins aride que celui des lois, des décrets et des jurisprudences. Univers sur lequel règnent impitoyablement les critiques gastronomiques dont le jargon ne laisse de me surprendre. Je me demande en particulier toujours ce que recouvre la sempiternelle mention d'une cuisine « au goût du jour » : si la cuisine est au goût de la veille, c'est qu'elle est périmée, si elle est au goût du lendemain, c'est qu'elle est surgelée, de sorte que le « goût du jour » me paraît relever d'une banalité assez troublante !

Les plaisirs de la table font partie intégrante de ma vie. Rien d'étonnant : une partie de ma famille élevait des moutons et tenait une boucherie dans les Deux-Sèvres. Ils amenaient leurs bêtes aux abattoirs de Vaugirard. Je ne serais pas absolument surpris qu'ils aient fait un peu de marché noir pendant la guerre, façon Jambier de la rue Poliveau dans *La Traversée de Paris* !

J'ai un rapport ambivalent à la nourriture, fait à la fois de culpabilité et de fête. Culpabilité car mon mode de vie essentiellement sédentaire devrait me conduire à davantage de retenue et à un respect plus scrupuleux des messages sanitaires de l'État qui, se préoccupant gentiment de notre santé, nous rappelle à l'envi qu'il faut éviter de manger « trop gras, trop sucré, trop salé ». Mais aussi et surtout fête : la nourriture est pour moi indissociable de la conversation et du partage. Il y a donc d'un côté l'acte physiologique, utilitaire, un peu honteux, solitaire (on dit d'ailleurs

« se nourrir », le pronom réfléchi traduisant le caractère autocentré de l'opération) et de l'autre le repas comme symbole ou catalyseur des relations humaines.

Comme tout moment de fête, un déjeuner (c'est-à-dire, littéralement, une rupture du jeûne) ou un dîner se prépare. On choisit les commensaux, l'endroit, le menu, les vins, la musique, le plan de table, la décoration. Et je pense alors toujours à l'obsession de Brillat-Savarin : « Convier quelqu'un c'est se charger de son bonheur pendant tout le temps qu'il est sous votre toit. »

Il faut avouer que cette charge est devenue de plus en plus lourde au fil du temps, puisque le repas – signe qu'il est d'abord un acte social, voire politique – a progressivement cristallisé des convictions de tous ordres, et qu'il est devenu discourtois de ne pas s'enquérir, avant tout bristol, des contre-indications alimentaires des convives : végé, végan, sans lactose, sans arachides, sans gluten, sans soja, sans lait, sans fromage, sans graines de sésame, sans fruits à coque, sans œuf… C'est même désormais pour les restaurateurs une obligation légale : ils doivent indiquer la présence dans les plats de pas moins de quatorze substances allergènes, de sorte que les cartes des restaurants commencent à évoquer dangereusement les décharges de responsabilité des médecins ou les conditions générales des polices d'assurance !

D'une façon générale, j'ai l'impression que nous vivons un temps préoccupant de crispation autour de la nourriture. Alors qu'hier le repas n'était que le lieu emblématique des controverses (qui ne se souvient de la célèbre caricature de Caran d'Ache : « Ne parlons pas de l'affaire Dreyfus ! Ils en ont parlé » ?), il est aujourd'hui l'objet même de la controverse. Précipité, au sens chimique, des maux contemporains, il cristallise les militantismes, les revendications, les divisions et les craintes qui minent la société. C'est sans doute cela que l'on appelle, de nos jours, une « intolérance alimentaire ».

Le premier restaurant « chic » dans lequel je suis allé, c'était pour fêter mon bac. L'établissement que nous avions choisi était à la mesure du soulagement de mes parents : grand ! Nous nous sommes donc attablés chez Le Divellec, place des Invalides à Paris, le restaurant fétiche de François Mitterrand, devant lequel avaient été prises les photos publiées par *Paris Match* révélant l'existence de Mazarine. Je me souviens encore du plat que j'avais dégusté à cette occasion : lotte laquée !

C'est donc là que j'ai découvert le rituel du grand restaurant. La gastronomie bien sûr, mais aussi et peut-être surtout ce qui l'entoure : le décor, l'art de la table, le ballet sans accroc des serveurs, des maîtres d'hôtel, des sommeliers, tantôt obséquieux (je suis navré, mais je ne parviens pas du tout à me faire au « bonne dégustation » ou au « le chef a préparé pour vous » !), tantôt drôles, tantôt poètes mais contribuant toujours à cette ambiance feutrée de moquettes épaisses et de conversations discrètes qui rend uniques les moments passés dans ces paradis préservés de l'agitation du dehors.

Cet émerveillement initial a été suivi de beaucoup d'autres, et quelques plats me reviennent en mémoire visuelle, olfactive et gustative : le homard au cacao d'Olivier Roellinger à Cancale, les billes de foie gras de Christian Le Squer au George V, un menu entier autour de l'huile d'olive par Reine Sammut à Lourmarin, la poularde en vessie d'Éric Frechon au Bristol, ou encore les endives au gras et à la truffe de Comprégnac de Sébastien Bras à Laguiole. Ayant vu ce dernier plat sur le menu imposé, j'avais fait part de mes réticences, les endives cuites des cantines scolaires de mon enfance m'ayant laissé un souvenir amer. Le maître d'hôtel m'avait vivement suggéré de surmonter mes *a priori*, je lui en suis encore reconnaissant. Moralité : goûter toujours, parler ensuite !

Au-delà de ces plats que l'on appelle désormais pompeusement « signature », élaborés par des chefs multi-étoilés et des brigades réglées au cordeau (j'aime bien ce terme de « brigade », de même que celui de « coup de feu » qui disent combien en cuisine comme en tout art la rigueur est mère de l'excellence), je garde aussi des souvenirs de restaurants plus simples, mais également délicieux. J'aime particulièrement le décalage entre le décor et l'assiette : le bistrot un peu fané, frisette et vieilles affiches publicitaires sur les murs, bibelots kitch sur les étagères, banquettes maronnasses fatiguées, nappes en papier, verres au fond desquels on peut encore lire son âge comme lorsqu'on était enfant, et dont le chef est pourtant un artisan extraordinaire. On en trouve parfois, sur la route des vacances (les miennes, dans la baie du Mont-Saint-Michel, étaient ponctuées par la dégustation d'un homard inoubliable dans un quasi-relais routier !), si l'on veut bien faire l'impasse sur cette ignominie gustative absolue qu'est le sandwich triangle d'autoroute et faire faire, à ses papilles aussi, l'école buissonnière.

Il en va de la cuisine comme de la musique : je suis croyant mais hélas non pratiquant ! J'ai épuisé tous les livres de recettes offerts par mes amis (qui espéraient en tirer bénéfice dans une amélioration des mets que je pourrais leur préparer, puisque le cadeau dit d'abord le regard de celui qui l'offre sur celui qui le reçoit !) sans faire de progrès significatifs… Je ne suis pas non plus un expert des goûts dont j'ai récemment appris qu'ils étaient au nombre de cinq puisque l'*umami* s'est ajouté au sucré, au salé, à l'acide et à l'amer. Je me contente de cette ignorance. Je n'ai pas vraiment besoin de savoir comment un plat est élaboré pour l'apprécier. La cuisine, c'est moins de la chimie que de l'alchimie.

Menu

Dans la rue, je ne m'arrête que devant deux types de vitrines : celles des agences immobilières et celles des restaurants. Je passe mon chemin devant les vêtements et les bibelots, mais les appartements et les menus m'attirent irrésistiblement. Il y a d'ailleurs une forme de parenté entre ces catégories de devantures : alors que les chaussures ou les canapés disent tout d'eux-mêmes au premier coup d'œil, les photos d'agences immobilières et les menus des restaurants sont des points de départ pour l'imagination, ils sont destinés à donner envie, à faire saliver !

Je tiens les cartes de restaurants pour des œuvres littéraires à part entière. Parfois très longues, très précises, lorsque l'intitulé du plat énonce dans le moindre détail tous les ingrédients : le produit de base, sa provenance géographique, son mode de cuisson, l'accompagnement, la sauce, les condiments. Parfois au contraire minimales comme si la qualité exceptionnelle du mets dispensait de tout ajout qui ne ferait que le dégrader (« le bœuf », « l'œuf », « la truffe »).

Une chose qui m'amuse, une chose qui m'agace, dans l'écriture des menus : je trouve drôle l'utilisation dévoyée des adjectifs possessifs (« sur son lit de », « et sa sauce », comme si le cabillaud était propriétaire des épinards qui le supportent et du beurre blanc qui l'entoure !), je trouve en revanche d'une pédanterie suspecte le mot « revisité » qui pourtant prolifère dans les établissements qui cherchent à se pousser du col. Pour ma part, j'aime assez les versions originales quand elles sont bien faites, et j'ai tendance à ne pas visiter les chefs qui revisitent.

Plat canaille

J'ignore d'où vient l'expression « plat canaille », mais elle dit tellement bien ce qu'elle désigne : des plats éternels, simples, bistrotiers, populaires, lourds, roboratifs, odorants et fiers de l'être ! Une gastronomie sauvageonne, des plats repris de justice, narguant la préciosité des assiettes nobles avec l'idée confuse que le peuple a mis les aristocrates à la lanterne. Une façon aussi pour le bourgeois de s'encanailler, précisément, à coups de pieds de cochon, de pâté de tête, d'œuf mimosa, de pot-au-feu, de rognons, de blanquette et de crème renversée. Une occasion d'éprouver le doux ruissellement du gras à la commissure des lèvres sans souci du qu'en-dira-t-on, sur une nappe à carreaux au coin de laquelle est fiché le petit papier portant la commande manuscrite et non loin du vin à la ficelle. Un retour aux sources, une glorification du terroir, quand l'authentique deviendrait presque subversif.

Madeleines

J'ai deux madeleines culinaires héritées du temps où, le mercredi midi, j'échappais miraculeusement à la cantine de l'école primaire pour aller déjeuner chez ma grand-mère. Une pour le pire, une pour le meilleur. Pour le pire, la cervelle d'agneau. La vache folle et son cortège de règles sur les abats n'étaient pas encore passés par là et c'était un plat assez banal. Pourtant, avec le recul, je ne sais pas comment je faisais pour manger ça. Honnêtement, je ne pourrais plus le faire. La texture, l'apparence, tout me dégoûte au dernier degré. Pour le meilleur, les bananes écrasées avec du sucre. Beaucoup de sucre. Une fête pour les papilles. Cervelle d'agneau et bananes écrasées : le menu de tous les dangers !

Salon de l'agriculture

Mon grand-oncle élevait des moutons près de Bressuire. Des suffolks, à tête noire. Et tous les ans il venait au Salon de l'agriculture. Pour exposer ses bêtes, pour les faire participer à des concours, mais surtout pour profiter de Paris. Il ne manquait jamais de prendre dans sa camionnette des produits « du jardin » : salades à limaces, carottes enrobées de terre, tomates irrégulières, tout ce que le petit citadin que j'étais regardait avec étonnement et suspicion.

Et donc, rituellement, j'allais lui rendre visite « sur le Salon » d'où il rapportait des récompenses sous forme de plaques de métal pour telle ou telle bête, qui faisaient la fierté de tous.

Indépendamment même du barnum politique auquel il donne lieu et où chaque candidat aux élections est appelé à tester sa résistance gastrique, il y a dans cet événement un côté « ferme de Marie-Antoinette » : les citadins jouent pendant deux semaines aux paysans dans une ferme d'apparat aussi rutilante que fictive, avant de laisser les agriculteurs repartir vers leurs terres et leur métier sans vacances ni treizième mois.

Repas d'affaires

J'ai horreur de cela. Heureusement, ça se fait de moins en moins. On s'est enfin aperçu que ça ennuyait tout le monde. Pas le temps, pas l'envie, pas l'argent. Repas d'affaires est pour moi une contradiction dans les termes. Soit on fait des affaires, soit on partage un repas. Il se peut évidemment qu'une relation d'affaires devienne suffisamment amicale pour faire d'un client un convive. Mais s'esclaffer aux blagues désolantes d'un client juste pour lui complaire jusqu'au pousse-café est bien au-delà de mes forces.

Vin

Les sommeliers sont à mes yeux parmi les plus grands orateurs. Au-delà de leurs connaissances techniques sur les cépages et leur combinaison, sur les années plus ou moins fastes, sur les premiers et les seconds vins, ils me fascinent par leur capacité à évoquer un coteau, un terroir, un domaine, un château, l'argile, les pieds de vigne, les sarments, les grappes, les chais, le soleil, les tannins, la récolte, la vinification : quels conteurs ! Et aussi quelle capacité à accompagner la dégustation, sans forcer le palais. La robe, le nez, la bouche, l'attaque, le milieu, la finale, la longueur, le gras, l'épaisseur, la complexité, la souplesse, l'équilibre, les fruits, les sous-bois, la minéralité, voire le cuir et l'amande grillée : si le sommelier (et de plus en plus souvent, heureusement, la sommelière !) est habile, les papilles découvrent une infinité de saveurs insoupçonnées !

Il y a toutefois une expression qui m'horripile dans le langage des sommeliers. Philippe Delerm en parle dans *Et vous avez eu beau temps ?*. Il s'agit du fameux « on est sur… » : « on est sur un vin… » Mais je ne suis sur rien du tout, je vais boire ce vin, mais je ne vais pas le survoler !

Je suis d'autant plus sensible à l'éloquence des sommeliers que je n'y connais rien en œnologie. Lorsqu'une personne portant une grappe à la boutonnière s'approche, je lui dis invariablement :

« Faites comme si c'était pour vous. » J'ai bien conscience que s'il obéissait vraiment à cette déraisonnable invitation il choisirait des bouteilles stratosphériques, mais il a en général la délicatesse de ne pas en profiter excessivement, craignant sans doute de se faire complice d'une possible grivèlerie.

C'est un délit amusant d'ailleurs, la grivèlerie : il est constitué, juge la Cour de cassation, lorsqu'un client part sans payer en prétendant de façon « parfaitement invraisemblable » qu'« il aurait été invité à boire, à discrétion, par une personne totalement inconnue et, par la suite, disparue avant de régler la note ». Quinze jours d'emprisonnement !

Cuisine moléculaire

La gastronomie n'échappe pas aux effets de mode, et les années 1980 ont vu le triomphe de la « cuisine moléculaire », sorte de rapprochement improbable entre Paul Bocuse et Marie Curie. Les chefs jouaient au petit chimiste à coups de siphons, de bulles et perles éclatant en bouche, d'azote, d'espumas, d'émulsions, de gelées, d'œufs parfaits et de cuissons basse température. Comme toute mode, elle s'est un peu démodée, comme avant elle la « nouvelle cuisine ».

Il reste quelque chose d'amusant du rapport ambigu qu'entretient la gastronomie avec la modernité : ces pâtisseries chics où des vendeurs déguisés en cosmonautes servent avec componction des gâteaux exposés sous cloches, comme dans des joailleries de luxe ou des magasins de haute couture. Bientôt, peut-être, la gastronomie aura sa fashion week !

Cuisine

Le *nec plus ultra,* désormais, c'est de dîner à la « table du chef », dans les cuisines. Être servi à l'office est devenu un privilège de fin gourmet. Une façon d'être à la fois dans la salle et en coulisses, et d'assister aux premières loges au ballet des commandes, épluchages, écaillages, découpes, cuissons, dressages, envois, plonge. Un désir aussi, sans doute, de percer les secrets des chefs, devenus de véritables vedettes par la grâce de jeux télévisés qui ne jurent plus que par les exigences extravagantes d'impitoyables amphitryons, les prouesses gustatives de toques prometteuses, les colères homériques de redresseurs de torts des fourneaux et le croquant-gourmand de la petite lucarne !

Il y a quelque chose de sacrilège à demander une recette à un chef. C'est comme si l'on voulait connaître le truc du magicien. Je m'y suis risqué un jour à propos d'une sauce que j'avais trouvée particulièrement succulente. La réponse a fusé : « Retenez que c'est une vinaigrette ratée. » Poliment mais fermement, on m'avait ainsi fait comprendre que ma question était déplacée, et que la pirouette valait réponse.

Il y a quelques années, deux étudiantes que j'encadrais dans la rédaction d'un mémoire sur la répartition des tâches dans l'entreprise et les modes d'organisation dans les actions collectives avaient eu le culot d'appeler le Plaza Athénée pour demander à assister, en cuisine, à un service. Non seulement cette faveur leur avait été accordée, mais à la fin de la soirée le chef s'était exclamé : « Mais au fait, vous n'avez pas dîné ? », leur avait dressé une table et offert le repas ! Leur audace avait été récompensée et les étoiles dans leurs yeux valaient toutes celles du Michelin.

Boucherie

La boucherie, c'est un monde en soi. Les carcasses qui pendent à des crocs, les tabliers maculés de sang, les pièces de bœuf qui maturent dans des chambres froides, le bardage, les saucisses qui pendent comme des chapelets, les couteaux de toutes tailles, les feuilles, le bruit sec des lames sur les plans de travail, le hachoir, les côtes, les abats et, à la fin, le « il y en a un peu plus, je vous le mets quand même ? » lancé, goguenard, au client qui ne dira pas non à un robuste gaillard muni d'un tranchelard !

Il y a une langue des bouchers, celle des forts des halles, un argot savoureux et imagé où l'on remplace la première lettre du mot par un « l », cette première lettre étant reportée à la fin du mot et suivie d'une terminaison librement choisie. « Boucher » devient ainsi « louchebem », « femme » se dit « lamfé », et « en douce » se mue en « en loucedé ».

Trône aussi dans toute boucherie qui se respecte l'affiche décrivant les différentes parties du bœuf. Le bœuf est ainsi littéralement écorché et découpé par des pointillés (avant de l'être pour de vrai... et pour de bon !). L'on distingue ainsi, entourant les filets et autres entrecôtes, la macreuse, la hampe, la poire, l'aloyau, l'araignée, le merlan, le jumeau, le gîte, le flanchet. Une géographie du carnivore. Une carte du tendre.

Recette

Comme les cartes, les recettes recèlent des trésors de vocabulaire. Les marmitons ont le chic pour s'approprier des mots et leur donner en cuisine un sens différent de celui qu'ils ont ailleurs : pour les ustensiles (mandoline, salamandre, sautoir, chinois, maryse, douille), pour les techniques (réduire, réserver, détendre, blanchir, déglacer, faire revenir, saisir) comme pour les produits (suprême, appareil, roux, sifflet, en chemise, farce, sauce diable).

D'une façon générale, la richesse du vocabulaire illustre bien la passion française pour la cuisine. On ne cuit pas : on rôtit, on mijote, on frit, on saisit, on fait un aller-retour, on croûte, on rissole, on fricasse, on poche, on blondit, on grille, on confit, on saute, on braise, on poêle. Le tout pour un résultat bleu, saignant, à point, bien cuit (sous peine toutefois, dans ce dernier cas, d'encourir les foudres du chef !). On ne coupe pas : on émince, on effiloche, on concasse, on équarrit, on dépèce, on lève des filets, on escalope, on détaille, on hache, on tronçonne, on émonde. Pour obtenir une brunoise, une julienne, une paysanne, une bavaroise, un mirepoix, une duxelles, un salpicon, un sabayon. Les noms des plats eux-mêmes empruntent aux champs lexicaux les plus variés : la couture (les crêpes dentelle, des pommes de terre en robe des champs, un plat chemisé), le voyage (la lotte « retour des îles », le bœuf de Kobe, le homard de Chausey, le poivre du Sichuan), la musique (duo de poissons, accord mets-vins, fraises avec une note de miel). Quant au goût et à la texture, le résultat – réel ou escompté – pour les papilles donne lui aussi lieu à un festival lexical : aigre-doux, fondant, croquant, moelleux, sucré-salé, onctueux, mousseux…

Les recettes n'ont pas seulement leurs mots, elles ont aussi leurs livres, ces bibles qui ont trôné à côté de toutes les gazinières pendant des années, mis une cuisine ménagère à la portée de chacun et fait de leurs auteurs des membres de toutes les familles françaises :

Françoise Bernard et Ginette Mathiot, aujourd'hui hélas détrônées par des vidéos accélérées diffusées sur Internet où s'élaborent en quelques secondes des plats en général monstrueusement caloriques à base de fromage fondu, de saucisses et de ketchup.

Complexes ou faciles, onéreuses ou accessibles, pour un, pour deux ou pour douze, les recettes, ça fait recette !

Plan de table

Le casse-tête absolu ! Un homme-une femme, l'invité d'honneur en face de l'hôte, à sa droite une personne qu'on souhaite mettre en valeur, ne pas séparer les fiancés ou les mariés depuis moins d'un an, savoir qu'untel et untel ne se supportent pas. La table est un creuset de conventions. L'étiquette gouverne tout : commencer par les couverts extérieurs, ne pas prendre de chaque fromage et ne pas repasser le plateau, ne pas couper la salade, rompre le pain, pour un service au plat servir par la gauche et desservir par la droite, couper les fruits avec fourchette et couteau.

Il y a dans tous ces usages et ces « bonnes manières » quelque chose d'un peu suranné, évidemment. Pour autant, et sans évidemment les connaître tous, j'aime assez ces « codes ». Mais la vraie noblesse, c'est évidemment celle de la reine Victoria qui, voyant un convive maladroit boire l'eau des rince-doigts, fait aussitôt de même, bientôt suivie par l'ensemble des invités.

Pouvoir

Le repas est un moment paradoxal : d'un côté il égalise, puisque chacun, ramené à sa condition hors des hiérarchies, y assouvit un besoin égalitaire de nourriture, et de l'autre il illustre les rapports de pouvoir : qui choisit les invités, qui les dispose autour de la table, qui est convié, qui fixe le lieu, qui détermine le menu, qui paie l'addition, tout est enjeu de préséance et d'affichage.

Talleyrand l'avait bien compris qui, à une époque où le saumon était une rareté, avait voulu impressionner ses invités en montrant qu'il pouvait en servir deux. Mais comment faire alors qu'un seul suffisait à rassasier la tablée ? Et Talleyrand d'ordonner au maître d'hôtel de trébucher lorsqu'il présenterait le premier saumon, pour pouvoir faire apporter le second. Tout de même, quel estomac !

Nourrir ou mourir ?

La nourriture a parfois partie liée avec la mort. Que l'on songe à Vatel, le cuisinier du Grand Condé, qui se suicida parce que la marée n'était pas arrivée à temps pour le dîner donné en l'honneur de Louis XIV. Je ne sais si elle est vraie, mais l'histoire selon laquelle on trinquait, à l'origine, pour que les contenus des verres s'échangent partiellement et qu'aucun ne cherche donc à empoisonner l'autre est révélatrice. Et puis il y a le célèbre *fugu*, ce poisson apprécié des Japonais qui le paient une fortune alors que, mal préparé, il peut devenir mortel. Le poisson devenu poison.

Sucre

Je suis un « bec sucré ». Je pourrais ne me nourrir que de sucre. Je mourrai le sang caramélisé ! Mais pas avec n'importe quel sucre. De la même façon qu'il y a l'opposition beurre doux / beurre salé, il y a la partition géographique sucre blanc / sucre roux. Une partie de ma famille venant de Douai, dans le Nord, où mon grand-père était pâtissier, j'ai très clairement choisi mon camp : celui du sucre roux, de la cassonade, de la vergeoise. Un sucre plus rustique, plus épais, mais plus savoureux. Rien qu'en le décrivant, j'en ai l'eau à la bouche.

À vous de jouer !

Le jeu que je vous propose ici peut porter sur la gastronomie – dont le vocabulaire est particulièrement technique et imagé – mais il peut d'une façon générale être utile pour élargir son vocabulaire, quel que soit le domaine. Il se joue à partir de deux participants. Le principe est le suivant : un joueur énonce un mot rare dont il connaît le sens. Il en donne quatre définitions, dont une seule est correcte (il imagine les autres). L'autre joueur qui donne le plus vite la bonne réponse gagne le point, prend la main et donne à son tour un mot.

Par exemple :

La vitelotte est :

1. **Une façon de cuire les fruits de mer**
2. **Une soupe froide à base de concombres**
3. **Un gâteau fourré à la crème d'amande**
4. **Une variété de pommes de terre**

Bonne réponse : 4.

Ou encore :
En gastronomie, un aspic est :

1. **Un ustensile permettant de disposer de la crème sur un gâteau**
2. **Un plat de viande ou de poisson en gelée**
3. **Un morceau d'agneau qui doit être mijoté longtemps**
4. **Une tarte aux agrumes**

Bonne réponse : 2.

Vous pouvez faire une variante sous forme de « cherchez l'intrus ». Un joueur donne une liste de quatre mots complexes dans laquelle se trouve un intrus. Le premier joueur qui trouve l'intrus et explique sa réponse gagne le point et peut à son tour donner une liste.

Par exemple :

1. **Épeautre**
2. **Méteil**
3. **Cardamome**
4. **Sarrasin**

Bonne réponse : 3.

La cardamome est une épice, les trois autres sont des céréales.

Les voix du Seigneur

Je n'ai pas la grâce de la foi. Mon ciel est désert. Je n'ai pas été baptisé à la naissance, et ni mon éducation par des parents agnostiques ni mon instruction par des institutrices communistes ne m'avaient particulièrement conduit à souhaiter l'être. J'ai demandé le baptême plus tard, au collège, où j'avais été dûment pris en main par des bonnes sœurs (j'étais « passé dans le privé » !) qui avaient probablement vu en moi une occasion unique de remettre dans le droit chemin une brebis égarée, et de gagner ainsi quelques indulgences.

J'avais alors une foi enfantine, sincère, joyeuse, teintée à la fois de surnaturel et d'idéal de pureté : je n'avais guère de doute sur le fait qu'il m'appartenait de contribuer à sauver le monde du péché ! Entre retraites au Bec-Hellouin, lecture assidue de vies de saints et de *Pierres vivantes* (le Lagarde & Michard des petits catholiques !), participation aux groupes de prières, etc., je crois que j'étais plutôt une bonne recrue. J'ai d'ailleurs eu un parcours express, et deux ans après avoir été baptisé et avoir fait ma première communion (avec photos en aube et images de communion – les magnifiques *Mains priant* de Dürer – comme il se doit), j'ai été confirmé.

C'est après que la mécanique s'est grippée. Je ne saurais véritablement dire pourquoi. Sans doute les interdits de toute nature posés par l'Église – ou du moins l'image que je m'en faisais – m'ont-ils paru trop rigoureux et inaccessibles, l'adolescence venue. L'impératif de contention et de renoncement, le péché originel et la nécessité permanente de la repentance (« serrez ma haire avec ma discipline » !) sont devenus des faix trop lourds à porter. Les exigences de l'esprit ne sont pas toujours compatibles avec les premiers battements du cœur… Toujours est-il que, même si je sais aujourd'hui que cette vision de la foi était sans doute partielle et excessivement radicale, mon apostasie fut sans retour.

Ayant pris cet aller simple, je suis très impressionné par les catéchumènes, ces personnes qui viennent à la foi à l'âge adulte. Je trouve magnifiques ces baptêmes d'adultes, parce qu'ils sont sollicités en pleine conscience, après un intense parcours de recherche et de réflexion sur son rapport à Dieu et au monde. J'aimerais tant avoir cette grâce. Il est vrai que je ne m'en donne peut-être pas les moyens !

On entend parfois dire qu'il serait plus facile de vivre lorsque l'on n'a pas la foi. Ce n'est pas forcément vrai. Probablement la vie sans Dieu libère-t-elle d'un certain nombre de contraintes. Cependant la contrepartie de cette liberté terrestre est l'absence de tout espoir de salut. Finalement, l'athéisme, c'est sans enjeu, et donc sans risque ! Alors que ceux qui croient au Ciel sont certes plus encadrés dans leur vie terrestre, mais cette vie n'est pour eux qu'une étape. Avec, pour le coup, un enjeu de taille : le salut, et donc le risque du purgatoire, voire de la Géhenne éternelle !

J'adore entrer dans les églises. Elles sont d'abord, pour moi, des témoignages du passé à double titre : le passé de leurs bâtisseurs et mon propre passé de fidèle. Elles sont pourtant davantage que cela : même agnostique, je suis touché par les cérémonies qui s'y déroulent. Il faut dire que l'Église, qui s'y connaît pour impressionner les âmes chancelantes – que l'on pense aux représentations terrifiantes de l'enfer sur les tympans des cathédrales ! –, a un sens très aigu de la scénographie. Encens, procession, enfants de chœur, aubes, soutanelles, surplis, étoles, cierges, crucifix, clochette de l'élévation, bougies, tabernacles, ostensoirs, calices : donner à croire, c'est d'abord donner à voir. Et je l'avoue : tout cela ne me laisse pas indifférent. Je m'en veux un peu de céder si facilement à une « ficelle » aussi grosse, mais je suis sensible à la pompe ecclésiastique.

Je ne suis pas vraiment dupe : je sais bien que la liturgie n'est rien d'autre qu'un habillage – au sens propre comme au sens figuré – du culte, et que l'essentiel est ailleurs, dans la doctrine et dans la foi. Mais la liturgie est un peu, pour moi, un lot de consolation : puisque je n'ai pas cette relation verticale et mystérieuse avec le divin qui est l'apanage des fidèles, il me reste, comme un succédané, la relation horizontale et matérielle avec les symboles de cette relation. Faire, à défaut de croire. Le rituel, à défaut du spirituel.

On reproche souvent à l'Église de ne pas « vivre avec son temps ». Pour autant que je puisse en juger de l'extérieur, ce grief ne me paraît pas fondé. Le rôle de l'Église est d'annoncer la Bonne nouvelle et de propager inlassablement, envers et contre tout, les enseignements de l'Ancien et du Nouveau Testament. Sa mission est d'abord apostolique et pastorale. L'Église n'a que faire d'être moderne. Elle n'a pas vocation à l'être. Il serait même inquiétant qu'elle le soit : son message n'est pas d'une époque, il est universel et intemporel. L'Église n'a pas à faire de concessions à l'air du temps, elle a l'éternité pour elle.

L'éloquence religieuse est l'une des grandes traditions oratoires françaises. Bossuet, Fénelon, Massillon et Fléchier (les quatre prédicateurs statufiés dans l'édicule de la fontaine de la place Saint-Sulpice à Paris), mais également Bourdaloue ou Lacordaire ont magnifié la doctrine de l'Église à coups d'éloges funèbres, de sermons, d'homélies, de prônes. Au point parfois de faire de la prédication un véritable spectacle (l'éloge funèbre est d'ailleurs le seul discours que l'étiquette interdit d'improviser, précisément pour ne pas permettre à un orateur de prendre prétexte de circonstances tragiques pour briller). Telle est d'ailleurs l'origine du « bourdaloue », cette vasque d'aisance que les femmes apportaient à l'église et dissimulaient sous leur robe pour ne pas manquer un instant de chaire par faiblesse de chair.

Il faut bien admettre que cette tradition s'est largement étiolée. Combien de fois me suis-je mortellement ennuyé devant des ambons ? Il y a plusieurs raisons à cela. De forme et de fond. Sur la forme, la parole des prêtres est souvent prononcée selon une étrange mélodie, un mouvement perpétuel qui la prive de tout naturel dans les appuis, les silences, les couleurs, les intonations, les durées. Pourquoi donc un prêtre, plutôt que d'user de cette psalmodie, ne parlerait-il pas naturellement, simplement, selon une prosodie classique ? Sur le fond surtout, le discours religieux repose trop souvent, à mes yeux, sur des mots-valises qui agissent comme des totems interchangeables : amour, miséricorde, rémission, sauveur, péché, alléluia, kyrie eleison, hosanna, pour les siècles des siècles, etc. D'où l'impression d'un langage répété de façon un peu routinière, mécanique, creuse et purement incantatoire, d'un doux ronronnement qui ne rend pas l'office très attrayant.

Sans idéaliser la foi démonstrative des messes gospel ou des pasteurs galvanisant les foules, il me semble tout de même qu'à l'heure où l'on prend partout conscience de l'importance de la maîtrise des règles de la prise de parole en public, les ministres du culte pourraient se soucier un peu plus d'éloquence : le message dont ils sont porteurs le mérite assurément, et Jésus lui-même, qui parlait en paraboles pour marquer les esprits, a bien sacrifié avant l'heure à ce qui ne s'appelait pas encore le *storytelling !*

Catéchèse

Dans mon collège, la catéchèse était assurée par des parents d'élèves absolument sincères et dévoués. Pour autant, je ne suis pas sûr que la façon dont on nous parlait de religion était la plus adaptée. Le discours était la plupart du temps purement assertif, abstrait et sensoriel. On ne cessait par exemple de nous dire que « Dieu est amour ». Mais de deux choses l'une : soit vous l'éprouvez déjà et ça ne sert à rien qu'on vous le serine, soit vous êtes hésitant et ce n'est pas en vous le répétant qu'on vous en convaincra !

On ne nous expliquait en revanche jamais le sens d'expressions pourtant mystérieuses qui peuplaient les prières qu'on nous faisait réciter. Par exemple dans le Credo : « engendré non pas créé », « communion des saints », l'Esprit Saint « procède du Père et du Fils » (l'expression est pourtant au cœur de la querelle du « filioque » qui contribuera à la séparation des catholiques et des orthodoxes), « j'attends la vie du monde à venir ». Rien sur tout cela. Bref on nous demandait de croire sans nous poser de questions, et je détestais cela !

Je me souviens aussi d'une discussion sur les miracles relatés dans les Évangiles, et notamment sur l'épisode de la Marche sur les eaux au lac de Tibériade. Notre catéchiste voulait à toute force nous faire croire que Jésus avait physiquement, réellement, matériellement marché sur l'eau ! Cette façon de se raccrocher ainsi à la dimension concrète, à la fois la plus dérisoire et la plus improbable, en occultant la dimension symbolique, m'avait laissé très dubitatif, et je me sentais bien incapable de croire à cette exégèse. D'une façon générale j'ai une réelle appréhension à l'égard des miracles. Ces manifestations de Dieu sur Terre me paraissent toujours éminemment suspectes. Un aveu de faiblesse, comme une façon de s'abaisser à donner signe de vie pour raffermir des fois vacillantes. Nous autres avocats nous répétons pourtant cette boutade : « La justice c'est comme la Vierge Marie, si on ne la voit pas de temps en temps, on finit par ne plus y croire. »

Verbe

« Au commencement était le verbe. » On ne saurait mieux dire le caractère primordial de la parole dans la religion catholique. D'ailleurs, la messe est célébrée en deux parties successives d'égale importance : la liturgie de la parole où sont lus l'Ancien et le Nouveau Testament puis la liturgie de l'eucharistie où sont célébrés le sacrifice de Jésus et sa résurrection. Les fidèles sont appelés autant à « acclamer la parole de Dieu » qu'à communier au corps et au sang du Christ. C'est dire que Dieu est parole et que son fils fut d'abord un exceptionnel tribun (ce qui contribua sans doute à effrayer une partie des Romains et des Juifs qui voyaient en lui un fauteur de troubles).

Le verbe, avant qu'il ne se « fasse chair » en Jésus, est donc dès l'origine au côté de Dieu, et participe directement du divin dans la Trinité. Je ne voudrais pas décevoir les passionnés d'éloquence, mais le « verbe » qui se trouve ainsi au commencement de tout n'est pas une discipline ou une notion abstraite (la rhétorique qui préexisterait à l'humanité, c'eût été trop beau !), c'est exclusivement la préfiguration de Jésus qui l'incarnera lors de son passage sur Terre.

Mais les orateurs peuvent se consoler en lisant le premier chapitre de la Genèse, où la parole est merveilleusement mise en avant. Sans entrer dans une exégèse dont je serais bien incapable, j'observe que la parole de Dieu a une double fonction dans la Création. D'abord, elle crée à proprement parler. C'est une parole performative : « Dieu dit : "Que la lumière soit" et la lumière fut. » Ensuite elle nomme : « Dieu appela la lumière "jour" et les ténèbres "nuit". » Nommer les choses, c'est donc participer d'une mission divine. Et l'on pense immédiatement à la célèbre phrase de Camus : « Mal nommer un objet, c'est ajouter au malheur de ce monde. »

Une raison de plus pour toujours chercher le mot juste : le trouver, c'est divin !

Chants

Les chants de messe ! Un univers musical en soi ! J'en connais tant et tant ! Il y a au demeurant, là comme ailleurs, de véritables « tubes » (dont les compositeurs et les paroliers sont pourtant toujours injustement anonymes) que l'on se réjouit de voir sur le livret de messe déposé sur les chaises en paille à l'arrivée dans l'église ! Mon pot-pourri pour une messe réussie : Jérusalem quittant sa robe de tristesse pendant que je tiens une lampe allumée, plus près de toi mon Dieu, comme un souffle fragile, sous le regard de Marie, couronnée d'étoiles, invoquée si le vent des tentations s'élève, et qui sourit et pardonne chez nous, chez nous…

Comme sur la liturgie, dont ils font partie, je suis ambivalent sur le rôle de ces chants. D'un côté, je les trouve plutôt touchants et le fait de chanter à tue-tête en groupe avec l'orgue voire d'autres instruments contribue à un effet d'entraînement effusif de type « soirée scout autour du feu » qui aide à exalter l'esprit et le cœur. Mais d'un autre je ne peux m'empêcher de penser que les chants sont aussi là pour occuper l'espace sonore alors que la rencontre avec le Très-Haut, s'il existe, ne peut se faire que dans le silence et le recueillement.

Au fond, en dépit de cette réserve que je m'impose un peu sottement, j'ai infiniment de tendresse pour ces chants qui me prennent à la gorge dès que je les entends résonner dans les chœurs et les cœurs. Si vous le pouvez, avec eux, tressaillez de joie !

Ange

Moi qui ai plaidé, et qui continuerai à le faire, pour que l'on institue, en faveur des personnes intersexuées, un sexe « neutre » à l'état civil, la figure de l'ange m'interpelle inévitablement ! La querelle sur le sexe des anges vient d'un verset figurant dans l'Évangile selon saint Matthieu : « À la résurrection, les hommes ne prendront point de femmes, ni les femmes de maris, mais ils seront comme les anges de Dieu dans le ciel. » Verset absolument déprimant, soit dit en passant, puisque la vie éternelle est donc une vie asexuée…

C'est finalement moins le sexe des anges que le principe même de leur incarnation qui fait débat. Mais Juliette, qui sera le guide musical de ce livre, a sa petite idée, évoquant un pittoresque congrès d'anges et autres chérubins sortant de leurs tableaux ou sculptures pour exprimer leurs revendications salariales :

Le regard adorable tourné vers les cieux
La main sur la joue ou les bras croisés
Monsieur Raphaël, on s´emmerde un peu
Et pour nos portraits vendus dans le monde entier
On n´a pas touché un caramel !

Confession

C'est trop facile d'entrer aux églises
De déverser toute sa saleté
Face au curé qui dans la lumière grise
Ferme les yeux pour mieux nous pardonner

Trop facile, vraiment, Grand Jacques ? Je garde au contraire de la confession un souvenir franchement désagréable. D'abord parce qu'elle renvoie en permanence le fidèle à sa condition de pécheur, quels que puissent être ses efforts pour avoir une vie irréprochable : au mépris du principe selon lequel nul n'est pénalement responsable que de son propre fait, l'Église fait supporter à chacun le poids de la Chute ! Ensuite parce qu'elle constitue une intrusion dans l'intimité la plus absolue. On ne peut être pardonné que de ce que l'on reconnaît et l'exposition forcée de ses zones d'ombre n'est guère instinctive.

Au collège, lorsqu'on attendait notre tour et que l'un d'entre nous revenait du confessionnal, les « tu as dit quoi ? » et « il t'a dit quoi ? » montraient bien que même rebaptisé « sacrement de la réconciliation », l'épisode n'était pas le plus joyeux. Je ne me suis jamais fait à cet exercice, je le confesse.

Adoration

C'est quelque chose qui me fascine totalement ! Qu'on vive sa foi dans des pèlerinages, des lectures, des sacrements, des messes, des chants, des groupes de réflexion ou des communautés (comme à Taizé), je le conçois : c'est une parenthèse dans la vie, mais c'est toujours la vie. Alors que s'agenouiller pendant une heure, deux heures, une nuit, hors la vie, pour contempler le saint sacrement, c'est pour moi à la fois magnifique et inaccessible. Quelle force d'âme et quelle soif de divin il faut avoir pour cela. Et en même temps si l'on conçoit que par le miracle de la transsubstantiation l'hostie consacrée est le corps du Christ, quoi de plus normal pour un chrétien que de l'adorer.

Ordination

Plusieurs de mes amis ont envisagé de devenir prêtres. Certains ont renoncé avant, lors de cette phase préalable de questionnement qui porte le joli nom de « discernement ». D'autres sont allés au bout de cette vocation et j'ai donc assisté à plusieurs messes d'ordination. C'est toujours un moment de grande allégresse. Même si leur engagement est pour moi un mystère inaccessible, il y a en eux une telle joie que l'on ne peut qu'y prendre part. Et puis il y a ce magnifique « me voici », lancé par l'ordinand à l'énoncé de son nom, comme une réponse à un appel divin, qui est évidemment bouleversant.

Aspersion

Là encore, un souvenir d'incompréhension d'enfant. À la fin de la messe des Rameaux, le prêtre bénit les fidèles en les aspergeant à l'aide de branches de buis. On m'avait expliqué qu'à ce geste il fallait se signer, car on avait forcément reçu un peu d'eau bénite. Mais je savais bien, moi, qu'à cinquante mètres du prêtre je n'avais rien reçu du tout ! Que ne m'a-t-on pas dit la réalité : l'aspersion est un symbole de la bénédiction des fidèles par le prêtre, qui est indépendante de la trajectoire des molécules d'eau !

C'est fou comme les adultes pensent que les enfants sont inaccessibles aux symboles, ces manifestations concrètes d'idées abstraites.

Aspersion ou non, reste alors à transmettre une règle de vie bien ancrée dans la doctrine de l'Église : ne pas fêter Pâques avant les Rameaux, autrement dit ne pas être enceinte avant de s'être mariée !

Servant de messe

Je n'ai jamais été servant de messe. Sur le moment, je regardais mes camarades qui étaient choisis pour jouer ce rôle avec une once de jalousie (sentiment impur que je devais donc confesser la fois suivante !). Le ballet ordonné des thuriféraires, céroféraires, cruciféraires, porte-missel m'impressionnait. Il y avait aussi cette petite cuisine au moment de l'offertoire : apporter les offrandes, nettoyer les burettes, verser de l'eau sur les mains de l'officiant. Toute une série de fonctions matérielles nécessaires au déroulement de la cérémonie spirituelle.

N'importe qui peut être servant de messe : une vieille bigote, une grenouille de bénitier à serre-tête ou un préadolescent blondinet. Avec le recul, le choix quasi systématique du troisième devient suspect. Comme le dit le Notre Père, dans sa nouvelle rédaction : « Ne nous laisse pas entrer en tentation. »

Cloître

J'adore les cloîtres. Un peu comme les vierges à l'enfant flamandes du XVe siècle, ils sont à la fois tous les mêmes et tous différents. Ce sont d'infinies variations sur un même thème. J'aime en particulier tenter de décrypter les chapiteaux historiés qui sont comme des bandes dessinées, illustrant des épisodes bibliques ou représentant des personnages ou des animaux. J'aime déambuler dans les galeries ombragées, contempler le jardin, avec peut-être les cyprès et le puits, au milieu. C'est un havre de paix. Il y en a des centaines – même si plusieurs d'entre eux, notamment celui de Saint-Michel de Cuxa dans les Pyrénées-Orientales, ont été pour partie acquis par un collectionneur américain et « transplantés » à Manhattan ! – mais je vous donne mes trois coups de cœur, évidemment subjectifs, que vous rencontrerez peut-être au gré de vos pérégrinations : celui de l'abbaye de Fontenay en Bourgogne, merveille romane intacte depuis le XIIe siècle, celui de l'abbaye de Fontfroide près de Narbonne, et évidemment la merveille du Mont-Saint-Michel, ce cloître en granit rose ouvert sur la mer et posé entre Ciel et Terre.

Bible

Je reconnais bien volontiers n'en avoir lu qu'une infime partie. C'est un peu aussi la faute du manque d'imagination des mariés (j'ai un âge où l'on va encore davantage à des mariages qu'à des enterrements…) qui choisissent toujours les mêmes textes (au risque d'être un peu abrupt, et tant pis si certains se reconnaissent, je le dis clairement : je n'en peux plus de la Première Lettre de saint Paul apôtre aux Corinthiens !). Ce qui me frappe néanmoins à chaque fois que je m'y plonge, c'est la différence de « couleur » entre l'Ancien Testament et le Nouveau Testament. Le Dieu de l'Ancien Testament est violent, guerrier, tout-puissant, vengeur, un peu comme les dieux grecs de l'*Iliade* et de l'*Odyssée* (l'expulsion du jardin d'Éden, la malédiction de Caïn, le Déluge, la destruction de Sodome et Gomorrhe, les plaies d'Égypte), alors que celui du Nouveau Testament est doux, attentif aux plus faibles, aimant, conciliant. Mon maître et ami Marc Bonnant résume cela d'une formule : « Dieu est de droite, Jésus est de gauche. »

Clôture monastique

Cette réclusion volontaire de certaines communautés religieuses me bouleverse. Sa radicalité me rend absolument perplexe (mais il faut évidemment l'avoir choisie pour la comprendre) et en même temps je la trouve sublime car elle ne peut procéder que d'une élévation spirituelle et d'une fermeté dans la foi et l'espérance qui forcent l'admiration. Décider un beau jour de dédier désormais sa vie entièrement à la prière, à la contemplation, à la solitude, à la rencontre exclusive avec Dieu, ne plus voir les autres qu'épisodiquement et derrière une grille comme à un parloir de prison, ne plus les prendre dans ses bras : tout cela est pour moi vertigineux.

Un immense pianiste a choisi, à quarante ans, d'épouser ce mode de vie : Thierry de Brunhoff, le fils du créateur du personnage de Babar Jean de Brunhoff. Après avoir été acclamé sur les plus grandes scènes du monde, il a choisi, du jour au lendemain, de se retirer dans un monastère bénédictin à En-Calcat près de Toulouse, pour devenir frère Thierry-Jean, s'en expliquant plusieurs années après : « Il m'a semblé que si Dieu existait, alors il fallait plonger et tout donner. »

Iconostase

Je n'ai, au long de ce chapitre, évoqué que la religion catholique, car c'est la seule que j'aie, un temps, embrassée. Mais je suis allé dans plusieurs monastères en Russie, et outre le fait que j'y ai entendu des chants orthodoxes qui avaient une autre profondeur que les gentils babillages que j'ai évoqués plus haut, j'y ai été frappé par deux choses. D'abord l'iconostase, cette grande paroi couverte d'icônes, qui fait que les fidèles ne voient pas les célébrants en permanence pendant l'office. Ensuite la très grande liberté des fidèles dans leurs déplacements. Dans le culte catholique, tout le monde arrive, s'agenouille, se relève, se signe, part en même temps. Chez les orthodoxes, j'ai l'impression que chacun vit sa messe comme il l'entend. On arrive, on part, on se signe (trois fois), on se prosterne à sa guise. Il est vrai que les orthodoxes ont été assez réprimés par les communistes pour ne pas se laisser embrigader par les popes !

Paix du Christ

C'est évidemment le moment le plus redouté de l'office, bien davantage que la quête. Avant Vatican II, le rite de la paix ne se faisait qu'entre clercs. Vatican II l'a étendu aux laïcs. Et c'est ainsi que le prêtre vous invite, sans considération de vos convictions, à donner « la paix du Christ » à vos voisins, dont vous ignorez les croyances. Soyons parfaitement honnête : c'est très gênant. Laisser penser à son voisin, que parfois l'on ne connaît pas, qu'on peut lui donner la paix du Christ, alors qu'on ne l'a pas soi-même, relève de l'escroquerie la plus absolue ! Alors on s'observe, on jauge son entourage proche, on attend que l'autre fasse le premier pas, et finalement on consent à cette poignée de main en se disant que la paix du Christ ne doit pas être très différente de celle des hommes et que celle-là, on peut tous la transmettre.

Habemus papam !

C'est évidemment dérisoire, mais l'attente de la fumée blanche à l'issue du conclave chargé d'élire le nouveau pape m'amuse beaucoup. Surtout, même si des précautions oratoires infinies sont prises (chaque cardinal est supposé voter dans la prière du bréviaire), le décalage entre l'affichage d'un vote censément inspiré par l'Esprit Saint et la réalité d'un scrutin à forte composante politique et géopolitique et n'échappant ni aux intrigues, ni aux rivalités, ni aux alliances de couloir est bien entendu frappant.

Prescription

Le mot est évidemment juridique, mais il est malheureusement devenu religieux. Combien de prêtres ont échappé à des poursuites pénales à raison de la prescription des faits ? Et comment l'Église peut-elle encore prétendre être crédible en s'abritant derrière cette notion de droit laïc pour sauver ses brebis égarées et les conserver à toute force dans ses rangs ?

L'effet d'aubaine de la prescription peut certes jouer dans la justice des hommes, parce qu'en cette matière on peut au bout d'un certain temps préférer la paix sociale à la poursuite indéfinie des infractions. Mais la justice divine est d'une autre nature et ne connaît pas de prescription, « grâce à Dieu »...

Jugement dernier

Le 14 avril 1995, à Bernard Pivot qui lui demandait ce qu'il aimerait que Dieu lui dise, s'il existe, lors de son arrivée dans l'au-delà, François Mitterrand avait répondu : « Maintenant, tu sais. » Un jour, donc, chacun de nous saura. En attendant, il nous reste à vivre avec nos incertitudes, nos doutes (même les plus fervents, surtout les plus fervents, en sont perclus), nos convictions, nos engagements, jusqu'au Jugement dernier. Les Égyptiens représentaient ce jugement comme une pesée du cœur, qui devait être aussi léger qu'une plume d'autruche. La peinture occidentale a également figuré ce jugement comme une psychostasie effectuée à l'aide d'une balance.

La question du rôle de l'avocat dans ce jugement demeure entière, et je crains fort pour l'avocat du diable : il paraît que son client est un incorrigible mauvais payeur.

À vous de jouer !

D'un point de vue formel, vous imaginer parler dans un édifice religieux vous aidera à réguler votre débit : l'écho produit par le bâtiment exclut toute parole trop rapide, qui deviendrait inintelligible. Si vous prononcez un discours solennel, figurez-vous que vous êtes en chaire.

Dans la Bible, il est relaté que l'Alliance entre Dieu et son peuple repose sur dix commandements inscrits sur des tables de pierre. Et si vous imaginiez les dix commandements de votre foyer, de votre entreprise, d'une réunion, de votre classe, de votre vie ? Expliquez avec vos mots pourquoi ces commandements vous paraissent aussi essentiels que ceux du Décalogue.

La jeunesse des mots

« Dis-moi comment tu parles, je te dirai qui tu es. » La parole est un marqueur social, géographique, culturel absolument redoutable. On peut le regretter, on peut trouver cela cruel, mais c'est ainsi : chacun, dans sa vie professionnelle, amicale, associative, scolaire, universitaire, citoyenne, est jugé à l'aune de sa façon de parler. Mal parler ou, pire, être incapable de parler, est à la fois une souffrance et un handicap. C'est la raison pour laquelle j'enseigne la prise de parole en public aux plus jeunes : ce sont d'abord eux qui ont besoin de s'insérer et, pour cela, de savoir s'exprimer.

Je n'ai jamais appris à parler en public. Au collège, j'ai dû faire un vague exposé, puis j'ai passé les oraux du bac. Mais tout cela n'avait rien de véritablement oral : il s'agissait davantage d'une oralisation de l'écrit, d'une façon de réciter sous une forme orale un discours écrit, alors que le véritable oral est celui qui permet d'exprimer librement non pas seulement un savoir mais une conviction, et de l'argumenter. Ce n'est qu'à l'école d'avocats que j'ai eu mes premiers cours de prise de parole en public. Curieusement, ces cours étaient donnés par des comédiens, et non par des avocats. Depuis lors, cette anomalie a été corrigée, mais il était tout de même étrange que les avocats ne se sentent pas capables de transmettre eux-mêmes à leurs futurs confrères le cœur de notre métier qu'est la plaidoirie. Parmi les jeunes acteurs qui arrondissaient ainsi leur intermittence auprès des élèves avocats se trouvait un certain… Franck Dubosc !

Je ne suis pas le seul à avoir eu un parcours scolaire dont l'oralité était quasi absente. Alors que les pays anglo-saxons initient très tôt les enfants à une prise de parole spontanée, naturelle, joyeuse, quotidienne, la France a délibérément centré son enseignement sur la dissertation écrite. Ce choix a été opéré à la fin du XIXe siècle et a conduit en 1902 à la suppression de la classe de rhétorique (qui était l'équivalent de l'actuelle classe de 1re). L'idée qui a présidé à cette évolution est que l'éloquence était une discipline insuffisamment scientifique.

C'est quelque chose que l'on entend encore beaucoup, alors que s'annonce la création du « grand oral » du baccalauréat : cette épreuve serait inégalitaire, favoriserait les jeunes qui, par éducation ou par prédispositions, auraient des facilités à s'exprimer en public. Il est évident qu'il y a dans la prise de parole en public une part de don. Marc Bonnant, qui a reçu ce don avec une abondance et une précocité inouïes, résume cela d'une formule : « Quand j'étais enfant, on disait de moi que je parlais comme un livre, avant de m'en réjouir je demandais qui était l'auteur. »

Lorsque j'interviens dans des collèges ou des lycées, je distingue assez rapidement les élèves pour lesquels l'éloquence est naturelle et ceux pour lesquels le seul fait de prononcer quelques mots simples face à leurs camarades constitue une redoutable épreuve. C'est ainsi. Au demeurant, tant d'autres matières sont inégalitaires : certains ont des capacités pour apprendre les langues étrangères, d'autres ont des aptitudes en sport, d'autres encore ont « la bosse des maths ». Mais si l'on postule que la capacité à s'exprimer face à un ou plusieurs interlocuteurs est une compétence essentielle dans le monde contemporain, n'est-ce pas alors précisément le rôle de l'école de réduire ces inégalités en dispensant un enseignement de la prise de parole, plutôt que d'abandonner cette discipline aux initiatives isolées d'enseignants motivés ou aux familles ?

Je crois que la formation à la prise de parole en public devrait commencer dès l'école primaire, à un âge où les apprentissages sont rapides, où le regard des autres n'est pas inhibant, où tout est ludique, spontané, naturel, dédramatisé.

Pour côtoyer des jeunes de tous milieux, je puis témoigner qu'il y a, dans tout groupe d'élèves, d'où qu'ils viennent, statistiquement la même proportion de timides, d'extravertis, de complexés, de beaux parleurs, de tribuns, etc. Et si parfois le vocabulaire manque, la richesse de l'imagination et la créativité peuvent compenser. Pour autant, je ne confonds pas la parole et la tchatche, la qualité et la quantité : parler beaucoup et de façon superficielle dans le seul but d'amuser la galerie ou d'occuper l'espace n'a pas grand-chose à voir avec la parole, qui est d'abord affaire de sincérité et de force de persuasion.

Il y a en revanche une question qui me semble importante pour l'avenir : le positionnement respectif des garçons et des filles par rapport aux enseignements de prise de parole en public chez les jeunes générations. Dans certaines écoles classiques, où les élèves ont le choix entre suivre un enseignement d'expression orale ou d'une autre matière, et où le cours d'expression orale est rempli sur la seule base du « premier arrivé, premier servi », on constate que les filles sont archi-minoritaires. Elles choisissent donc, délibérément, un autre enseignement. Pourquoi ? Parce qu'il y a confusément, encore et toujours, dans la société, l'idée que la parole est un instrument de pouvoir et que le pouvoir est un apanage masculin, et que même les jeunes filles ont intégré cette idée dans leurs choix et s'autocensurent. Pour encourager et débloquer la parole des filles, des programmes leur sont parfois spécialement dédiés. Ces initiatives sont évidemment louables, mais leur nécessité même est éminemment préoccupante. Je rencontre moins cette situation en Seine-Saint-Denis, au sein d'Eloquentia : le cours est beaucoup plus paritaire, ce qui est très rassurant. Il faut donc le redire encore et toujours : l'éloquence n'est pas affaire de testostérone !

Avec les jeunes que je forme, je ne fais pas de concessions sur la qualité de la langue. Leur consentir une langue au rabais, leur passer telle ou telle faute de grammaire, de syntaxe, de vocabulaire, c'est soit du misérabilisme, soit de la lâcheté. Je crois au contraire qu'un élève, ça s'élève. J'essaie donc – ce n'est pas toujours facile, évidemment – de les sensibiliser à la richesse extraordinaire de la langue française, à ses nuances, à ses subtilités qui permettent de mieux dire, de mieux décrire, de mieux raconter.

On a tôt fait d'assimiler le langage de la jeunesse au rap. C'est à la fois absurde, caricatural et réducteur. Bien sûr, de nombreux jeunes transposent dans le langage courant le rythme et la prosodie du rap et adoptent donc l'intonation tantôt heurtée, tantôt chaloupée de leur musique préférée. Mais l'immense majorité des jeunes fait évidemment la différence entre parole et musique.

Je connais mal le rap. Lorsque j'ai rencontré pour la première fois à Eloquentia le rappeur Kery James, j'ignorais qu'il avait joué sur les plus grandes scènes et publié une dizaine d'albums à succès, et je lui ai bêtement demandé, en guise de présentations… ce qu'il faisait dans la vie ! Pour ce que j'en sais, il y a dans le rap comme dans tant d'autres domaines des choses formidables et des choses abjectes, de vraies pépites poétiques et des beuglements ineptes, des neurones et des octogones.

Réseaux sociaux

Les réseaux sociaux sont évidemment les lieux emblématiques où se développe la parole de la jeunesse. Non pas Facebook, irrémédiablement dépassé puisque les parents y sont (la moitié des jeunes de seize à dix-huit ans n'utilise pas Facebook). Mais Instagram, Snapchat, TikTok, etc. Avec ces réseaux sont apparus des mots nouveaux et des expressions inédites : « hashtag », « on se DM », « détague-toi si tu veux », « double tap », « like », « share », « thread », « fav », « story ».

La notoriété se mesure au nombre de « followers », les « influenceurs » se font payer à prix d'or pour promouvoir tel produit auprès de leur « communauté », on photographie son assiette pour que personne ne manque cette information essentielle qu'est notre menu du jour, le narcissisme, le clash et la mauvaise foi sont de mise. Avec, il faut l'avouer, souvent sur Twitter des traits d'esprit vraiment réussis qu'imposent à la fois la brièveté du format et la tonalité acerbe du réseau. Et aussi avec de lourdes questions philosophiques que l'on pensait ne jamais devoir se poser : retweeter, est-ce approuver ?

De façon parfaitement subjective, voici trois comptes Twitter que je suis avec bonheur et qui pourraient vous plaire : @Maitre_Eolas, un avocat pertinent et impertinent, @Petit_Prof, une enseignante qui raconte sa vie quotidienne, @bernardpivot1, parce que c'est toujours un délice de plonger dans un bouillon de culture.

Parcoursup

Les logiciels de choix d'orientation ont toujours été un casse-tête effroyable. Lorsque j'ai fait mes choix post-bac, le système s'appelait Ravel, il était sur Minitel, et il était déjà défaillant. Faire ses vœux, en abandonner, en conserver, dans des filières sélectives, dans des filières non sélectives, dans Parcoursup, hors Parcoursup : l'orientation devient hautement stratégique !

Cela a récemment donné lieu à un mot d'un président de tribunal correctionnel que je trouve cruel mais objectivement drôle. Comparaissait un lycéen pris en flagrant délit de trafic de cannabis. Le président l'interroge sur sa scolarité et son avenir. Le prévenu explique qu'il est en terminale et qu'il a fait ses vœux sur Parcoursup. La réplique du président ne tarde pas : « Oui, enfin pour l'instant vous êtes plutôt sur Parcourstup ! »

YouTubeurs

Parmi les éléments qui étaient iconiques hier et que la jeunesse a dans une large mesure mis au rebut se trouve la télévision. Le meuble, plus encore que le média. Regarder une émission devant une télévision à son heure de diffusion : voilà qui apparaît très étrange à cette génération nomade, naviguant entre podcasts, replays et zappings. Surtout, la télévision, qui était auparavant le média majeur, s'est trouvée concurrencée par les YouTubeurs, ces personnalités qui publient régulièrement des vidéos sur Internet pour informer, divertir, donner des conseils de cuisine, de jeux vidéo ou de musculation. Ce phénomène traduit à la fois une formidable démocratisation de la parole (il n'est nul besoin d'être journaliste pour faire de la télévision, il suffit d'une webcam, ce cyclope des ordinateurs, pour parler à la terre entière) et une inquiétante égalisation de la parole (en contrepartie, l'information de l'un vaut l'information de l'autre, ce qui permet aux « *fake news* » de se diffuser de façon particulièrement forte et insidieuse chez les jeunes). La preuve de son succès : à la rituelle question « que veux-tu faire plus tard ? », de plus en plus de jeunes répondent « YouTubeur ».

Comme pour les comptes Twitter, voici, toujours aussi subjectivement, trois chaînes que je vous recommande : Nota Bene, l'histoire expliquée aux petits comme aux grands, HugoDecrypte, l'actualité vue par un étudiant de Sciences Po, Monsieur Phi, formidable vulgarisateur de la philosophie.

Téléréalité

Comme des millions de Français, j'ai assisté médusé aux ébats de Loana et de Jean-Édouard dans la piscine du Loft. C'était un véritable ovni télévisuel. Mettre en scène l'oisiveté d'anonymes astreints à une vie communautaire, filmer la banalité assumée de leur routine et l'alchimie possible de leurs relations, offrir à chacun son quart d'heure warholien : tout cela constituait un phénomène de société dépassant largement le seul cadre du petit écran. Depuis lors, l'offre s'est diversifiée, entre compétitions sportives, survie en milieu hostile, concours de talents, amours agricoles, Marseillais et autres Ch'tis en goguette. La boucle est bouclée lorsque des émissions portent sur la téléréalité. J'espère seulement que les jeunes qui regardent ces émissions le font avec le recul, l'esprit critique et la dérision qui s'imposent : le premier degré, ici, est le degré zéro.

Nomophobie

La langue française est décidément d'une plasticité et d'une malléabilité extraordinaires : elle a réussi à créer le terme « nomophobie » pour qualifier l'angoisse d'être séparé de son téléphone portable. Les jeunes sont évidemment les plus touchés par cette addiction : on a l'impression que leur téléphone est un prolongement physique de leur bras, que leurs AirPods leur ont été greffés et que l'amputation serait un drame.

Certains adultes en sont manifestement atteints aussi, et je suis frappé par ces couples qui, au restaurant, se font face en tapotant chacun sur son téléphone. Le repas devrait au contraire être un lieu de conversation (c'est-à-dire étymologiquement de « vivre ensemble »). Quelle aliénation que de préférer un monde virtuel à un commensal réel ! D'où ce jeu de plus en plus fréquent consistant à demander aux convives d'empiler les téléphones en bout de table, l'addition étant réglée par celui qui ne résisterait pas à la tentation de regarder le sien : une forme de thérapie de groupe contre le « pas de Wi-Fi, pas de vie ».

Arnica

Dans un premier temps, l'odeur de l'enfance, c'est évidemment le Mustela. Cette fragrance de chèvrefeuille immédiatement identifiable, fraîche et douce comme un nourrisson. Puis les choses se gâtent et l'odeur de l'enfance devient celle de la crème à l'arnica, la pommade miracle des infirmières scolaires. Car paradoxalement l'âge tendre, c'est aussi l'âge bête, celui des chamailleries, des « tar' ta gueule à la récré », des bagarres, du mercurochrome, des « maîtresse il m'a tapé », des bleus, des bosses, des gnons, des bobos, des genoux couronnés, des courses, des chutes, et donc de l'arnica.

Juliette – encore elle, mais quelle enchanteresse des mots ! – a tout dit de ces odeurs de l'enfance, de façon plus apaisée :

Je pourrais dire ton enfance
Elle est dans l'essence des choses
Je sais le parfum des vacances
Dans les jardins couverts de roses
Une grand-mère aux confitures
Un bon goûter dans la besace
Piquantes ronces, douces mûres
L'enfance est un parfum tenace.

Séjour linguistique

« Écoute, Camille n'a rien fichu de l'année en anglais, on va l'envoyer en Irlande comme jeune fille au pair. » Et voici des parents qui se saignent aux quatre veines dans l'espoir que leur progéniture revienne bilingue de son séjour irlandais. C'est pourtant le grand quiproquo des séjours linguistiques : on y apprend tout sauf les langues étrangères ! On s'y met à l'épreuve du déracinement, de l'éloignement, de la débrouillardise. On y découvre de nouveaux modes de vie, de nouveaux paysages. On y noue des amitiés. On y éprouve des émois. Bref, c'est la vie qu'on apprend dans les séjours linguistiques. Pour les langues étrangères, il restera l'école, à la rentrée.

Les maux de la jeunesse

Je crois avoir fait le grand chelem des petites tracasseries de santé propres à la jeunesse : amygdales, végétations, paracentèse, ablation des dents de sagesse, Roaccutane. J'ai seulement échappé aux bagues, et n'ai donc pu arborer, à la différence de tant de mes camarades, ce sourire ferroviaire, cette dentition barbelée qui participent de l'habitus des adolescents et alimentent leurs complexes… jusqu'à ce que Sophie Marceau dans *La Boum* les dissipe !

Domac

J'adore aller au McDo. Je m'y rends une fois par an, et c'est une fête, presque un cérémonial. Autant ne pas faire les choses à moitié : je prends tout ce qu'il y a de plus gras, de plus sucré, de plus chimique (ce n'est pas très compliqué…) ! Je comprends évidemment les contraintes financières qui pèsent sur les plus jeunes, et je sais que la restauration rapide en joue insidieusement, mais je crois importante l'éducation au goût et aux notions de bon sens diététique. Nous avons attendu si longtemps avant d'éradiquer les distributeurs automatiques de sucreries en tout genre des établissements scolaires ! Et quel mauvais cadeau font aux enfants les parents laxistes sur l'alimentation. Sans même compter ceux qui considèrent que la République, c'est « une double ration de frites » !

Dictée

Comme tous les enfants, j'ai fait des dictées. Des autodictées aussi : on apprenait un texte par cœur et on devait l'écrire de tête le jour J. Et puis chaque année il y avait, à la télévision, LA dictée : celle de Bernard Pivot. Le professeur de lettres de tous les Français égrenait, d'une voix à la fois précise, gourmande et enjouée, les mots d'un texte concentrant en une vingtaine de lignes (les « juniors » pouvaient s'arrêter à mi-chemin !) tout ce que la langue française peut receler de chausse-trappes, genres contre-intuitifs, mots inusités, subjonctifs imparfaits ou traits d'union vicieux. Je me revois dans le salon familial, ma feuille sur les genoux, me demandant si susurrer prend un « s » et deux « r » ou l'inverse, si alluvion et oriflamme sont masculins ou féminins ou si les fanons des baleines commencent par « f » ou par « ph » !

Je me réjouis du succès que remportent ces « dictées pour tous » géantes, régulièrement organisées depuis quelques années dans des quartiers parfois difficiles. C'est une très belle façon de redonner aux plus jeunes le goût des mots, en conciliant l'exigence et le jeu.

Wesh

Il fallait bien que cela arrive à un moment, c'est maintenant : je dois tout de même dire de quels maux souffre, en général, la parole des plus jeunes. Ce ne sera pas long, rassurez-vous : à force d'en former, j'en vois trois.

L'articulation d'abord. On a parfois l'impression qu'il y avait un supplément pour les consonnes, et qu'on ne l'a pas payé ! On a donc uniquement les voyelles, dans une sorte de yaourt inintelligible, assez proche du bruit d'un évier qui se vide. Démosthène, immense orateur s'il en est, luttait contre ses difficultés d'articulation en parlant avec des cailloux dans la bouche. Sans forcément en faire autant, il suffit de mettre un stylo entre ses incisives pour faire le test : si vous êtes compréhensible ainsi, c'est que vous articulez suffisamment. Dans la langue, les consonnes sont le squelette et les voyelles la chair, et sans squelette, sans armature, le discours s'effondre.

Le débit ensuite. Sous l'influence de la parole médiatique, toujours plus rapide, les jeunes parlent de plus en plus vite. Or la parole est d'abord une façon de transmettre ses idées. Parler trop vite, ensevelir son interlocuteur sous un flot ininterrompu de mots, c'est prendre le risque qu'il ne suive pas. Variez donc le débit, comme l'intensité, de votre discours.

Les mots à bannir enfin. Il y en a de toutes sortes, qui font parfois du langage de la jeunesse un sabir informe. D'abord les mots qui vous assignent à une catégorie sociale : *wesh*, gros, frère, vas-y, tranquille, grave, de base, trop (ou trop pas !). Ensuite les mots qui n'apportent rien au propos : genre, en mode (comme si nous étions des machines à laver…), du coup, c'est clair, pas de souci, carrément, tu vois. Enfin les verbes qui peuvent toujours être remplacés par un verbe plus précis : être, avoir, faire, dire, voir, mettre.

Un dernier mot : la parole ne sert pas seulement à exprimer des idées, elle permet également de les faire naître. Elle met le fond en forme autant qu'elle le suscite. Plus la parole est riche, plus les idées le seront à leur tour. C'est le sens de la célèbre pensée de Condillac : « Tout l'art de raisonner se réduit à l'art de bien parler. »

Lecture

La parole n'est pas une génération spontanée. Elle ne peut naître que de la lecture. Les livres nourrissent les discours de plusieurs façons : en faisant découvrir de nouveaux mots, en sensibilisant à la qualité d'un style et en stimulant l'imagination. Lire, pour la jeunesse, ce n'est pas nécessairement lire de la littérature jeunesse ! C'est aussi lire les *Fables* de La Fontaine, les *Contes* de Perrault, d'Andersen ou de Grimm, les *Histoires extraordinaires* de Poe, les œuvres de la comtesse de Ségur, la science-fiction de Barjavel, *Le Grand Meaulnes*... En alternance avec *Harry Potter*, pour encore plus de magie !

Devoirs de vacances

C'était ma terreur. Je n'étais pas mauvais élève, mais mes parents considéraient qu'il fallait « entretenir la machine » pendant l'été. D'où ces cahiers d'exercices que je faisais poussivement chaque matin. Ils voulaient se donner une apparence ludique, avec leurs couleurs vives, leurs petits personnages dessinés ou leurs jeux. Mais ces artifices ne trompaient personne : cela restait des équations, des fractions ou de la géométrie ! Je me souviens encore de leur titre : *Téléphérique* ! C'étaient les plus difficiles du marché.

Je lorgnais avec envie ceux de mes cousins, *Passeport*, qui m'apparaissaient plus faciles. Et je n'ai jamais trouvé où mes parents cachaient les corrigés !

Service national

J'ai fait mon service militaire. Comme tant d'autres, j'avais tenté d'être réformé pendant mes « trois jours », mais le médecin n'avait pas été dupe de mes jérémiades ! Je me suis donc rendu (je n'avais pas le choix : la désertion, même en temps de paix, est un délit !) dans la banlieue de Caen où j'ai suivi trois semaines de classes, qui relevaient davantage d'un camp scout estival que d'une véritable instruction militaire. Je m'étais organisé pour être affecté, à mon retour, à l'École militaire, à Paris. C'était compter sans l'arrivée inopinée dans notre caserne des « recruteurs » parisiens. « Vous avez fait Sciences Po, vous devez avoir de la conversation, vous serez chauffeur de la femme du général. » La gestion des ressources humaines version armée de terre… ! J'ai pu « rectifier le tir » et prendre le poste prévu : professeur pour des officiers préparant des concours internes à l'armée. « Conducteur de deuxième classe » (c'est ainsi qu'on appelait les bidasses dans l'arme du train, qui était la mienne), j'enseignais à des capitaines et commandants. La fonction primant le grade, je m'amusais parfois à les mettre au garde-à-vous. Chacun ses petites mesquineries…

Il était inévitable que le service militaire fût supprimé. Il ne répondait en effet à aucune de ses deux missions : ni sa mission de défense nationale puisque les conscrits ne participaient pas aux opérations militaires de la France, ni sa mission de brassage social puisque (j'en suis la preuve) les appelés diplômés avaient des affectations plus favorables que ceux qui ne l'étaient pas et restaient dans leur milieu.

À méditer à l'heure de l'institution du service national universel, qui n'atteindra son objectif que s'il est un réel moment de formation, de cohésion, de partage de valeurs et d'engagement : roulez jeunesse !

À vous de jouer !

Voici quelques exercices qui permettront à tous, petits et grands, d'éprouver le bonheur des mots : à tout âge, la parole est un jeu d'enfant.

1. **Quel message sur un sujet qui vous tient à cœur voudriez-vous transmettre à une personne plus âgée que vous de dix ans ? De trente ans ? De cinquante ans ? À une personne plus jeune que vous de dix ans ? De trente ans ? De cinquante ans ? Quel discours voudriez-vous enregistrer sur un support qui serait scellé et ne serait ouvert que dans deux cents ans ?**
2. **Que dirait la personne que vous êtes aujourd'hui à la personne que vous étiez il y a dix ans ? Trente ans ? Cinquante ans ?**

3. Décrivez la dernière application à la mode à une personne âgée. Expliquez votre métier à un enfant de quatre ans.
4. Si vous avez plusieurs enfants autour de vous, vous pouvez les faire asseoir en cercle et faire circuler entre eux un « bâton de parole » : celui qui a le bâton a la parole, et peut à sa guise décrire un objet, parler d'une personne, raconter une histoire, exprimer une idée. Lorsqu'il a terminé, il transmet le bâton à un autre enfant qui le réclame. L'adulte peut encadrer et faciliter ce moment.

Des mots politiques

Je n'ai jamais vraiment fait de politique, je n'ai même pas été délégué de classe ! Tout juste ai-je, lorsque j'étais étudiant à Sciences Po, participé pendant deux jours à l'occupation des locaux. Nous protestions contre l'augmentation des droits d'inscription (de 1 000 à 1 500... francs !) et la réduction des aides aux étudiants les moins fortunés. Nous avions rebaptisé l'amphithéâtre Boutmy, le plus grand, en amphi « Farinelli », du nom du castrat dont l'histoire venait alors d'être portée à l'écran, parce qu'on nous avait « coupé les bourses ». Nous avions contraint le directeur à passer une nuit sur un lit picot dans son bureau. Nous considérions cet acte comme hautement révolutionnaire et diablement anarchiste. Pendant deux jours et une nuit, nous avions pris possession des lieux. Les cours avaient été suspendus et se succédaient débats à sens unique, proclamations tonitruantes de revendications enflammées, assemblées générales houleuses. Les journalistes venaient s'enquérir de cette bouffée de chaleur dans une institution d'ordinaire si paisible. Aujourd'hui les leaders de ce « mouvement » sont banquiers, DRH, diplomates ou consultants. Tout va bien à Saint-Germain-des-Prés.

La seule élection à laquelle je me suis présenté a été celle des membres du conseil de l'ordre du barreau de Paris. Il s'agit d'une assemblée, à mi-chemin entre un gouvernement et un parlement, qui peut connaître de toutes les questions intéressant l'exercice de la profession et qui veille au respect par ses membres de la déontologie à laquelle ils sont astreints. Les membres du conseil de l'ordre sont élus pour trois ans au terme d'une campagne menée auprès des 30 000 avocats parisiens. Elle se fait à coups de petits déjeuners, de réunions, de soirées, de colloques, durant lesquels on va à la rencontre des avocats pour recueillir leurs revendications et présenter ses idées.

La campagne n'est pas du tout politique au sens classique. Elle porte uniquement sur les enjeux professionnels. Pourtant, on y retrouve, en miniature, ce qui fait les campagnes électorales habituelles : les jeux d'alliance, les trahisons, les médisances, les manipulations, les stratégies à trois bandes. Le tout, évidemment, dans la plus grande confraternité, dont les avocats aiment à dire – entre eux ! – qu'elle est une « haine vigilante ». Malgré ces contraintes, j'ai beaucoup aimé faire campagne, parce que convaincre les électeurs passait par la parole.

D'une façon générale, la politique est un magistère de la parole, tant dans la conquête du pouvoir que dans son exercice. La conquête du pouvoir suppose des aptitudes de tribun. Elle se fait à coups de formules à l'emporte-pièce, de harangues, de promesses, de discours de mobilisation et de galvanisation des troupes, de « j'ai besoin de vous », de « parce que c'est notre projet » avec doigt tendu et voix qui se brise, de slogans, de méthode Coué d'une victoire possible alors même qu'elle ne le serait pas. Le tout dans un rapport au réel qui peut être parfois assez distendu ! L'exercice du pouvoir, quant à lui, suppose au contraire une parole institutionnelle, responsable, pragmatique. Il y a des orateurs de conquête du pouvoir et des orateurs d'exercice du pouvoir. Nicolas Sarkozy est – « était », peut-on sans doute dire, désormais – davantage un orateur de campagne, un puncheur de meeting. Emmanuel Macron est plus un orateur institutionnel : la carrure, plus que le charisme.

La désillusion surgit lorsque les attentes suscitées par la parole d'estrade du candidat sont frustrées par la confrontation au réel et l'exercice du pouvoir, et que l'on s'aperçoit que la parole politique n'est pas aussi performative qu'on l'avait cru.

Le déclin contemporain, en France, de la parole politique, est un constat largement partagé. Ce déclin tient au fait que la parole politique suppose la rencontre d'un orateur et d'un sujet, et que nous n'avons aujourd'hui ni véritablement les uns, ni véritablement les autres.

Le sujet, tout d'abord

L'éloquence politique suppose que soient en jeu des questions de principe, essentielles, existentielles. On n'est pas éloquent sur un taux de CSG. Il n'y a pas d'incandescence oratoire sur le régime de collecte des ordures ménagères par les intercommunalités. La transposition d'une directive européenne en matière de droit des assurances ne peut pas donner lieu à un discours d'anthologie. Les grands moments de parole politique correspondent d'ailleurs tous aux moments de bifurcation du destin d'une nation, aux heures où les choix engagent l'avenir de façon radicale : la naissance de la démocratie athénienne, l'apogée de l'Empire romain, la Révolution française.

Dans l'histoire récente de la France, aussi, les interventions marquantes ont toujours porté sur des sujets graves, symboliques ou déterminants : la colonisation (Charles de Gaulle à Alger), l'IVG (Simone Veil), la peine de mort (Robert Badinter), l'intégration européenne (Philippe Séguin), le rapport à Vichy (Jacques Chirac au Vél d'Hiv), le positionnement vis-à-vis de la guerre en Irak (Dominique de Villepin à l'ONU), le mariage pour tous (Christiane Taubira). Il en va de même dans les autres pays : la conquête des droits civiques aux États-Unis (Martin Luther King), la guerre froide (John Fitzgerald Kennedy à Berlin), la fin de l'apartheid en Afrique du Sud (Nelson Mandela).

On doit bien constater que l'époque est davantage à la gestion du quotidien qu'aux tournants historiques. Hormis les questions bioéthiques ou environnementales, la politique relève davantage d'une administration du quotidien que de considérations décisives sur la vie ou la mort. On peut évidemment s'en réjouir, mais on y gagne en confort ce que l'on y perd en éloquence.

Les orateurs ensuite

Sur ce terrain encore, on ne peut échapper au constat d'un déclin. Les raisons en sont multiples. La première tient aux évolutions institutionnelles. La parole est d'abord l'expression d'une singularité, d'une personnalité. Or la discipline partisane fait que les hommes et les femmes politiques prennent de moins en moins le risque de la différence, de la tête qui dépasse, de la tonalité personnelle. L'époque des francs-tireurs jouant sur l'humour (Charles Pasqua, André Santini) ou la provocation (Robert-André Vivien, Pierre Mazeaud) est évidemment révolue. Lui a succédé celle des éléments de langage inlassablement répétés dans un psittacisme narcotique.

Une autre raison réside dans les exigences de la communication politique. Le discours politique s'est soumis au diktat des médias et des réseaux sociaux. La télévision en continu contraint à « occuper le terrain », même si l'on n'a rien à dire, et donc à répéter sans fin comme des incantations des phrases vides de sens, dans lesquelles les mots sont interchangeables, à tel point que des esprits malicieux ont élaboré des « générateurs automatiques de langue de bois » sous forme de tableaux assez amusants que l'on trouve sur Internet. De même, l'enserrement du message en 280 caractères sur Twitter favorise davantage la caricature et l'invective que la nuance et la subtilité.

Une troisième raison peut être trouvée dans l'évolution du personnel politique lui-même. La parole politique n'est pas une génération spontanée : elle se polit à coups de campagnes électorales, de meetings, d'inaugurations, de porte-à-porte. Elle est affaire de temps. Or la volonté de renouvellement du personnel politique a souvent conduit à porter aux responsabilités des « nouveaux venus » dépourvus d'expérience et dont la parole s'est rapidement laissé formater par des *media trainings*.

Je suis pour autant convaincu que la parole politique a un avenir. Pas nécessairement dans les cénacles classiques où elle devrait se développer naturellement. Mais davantage dans des associations ou autour de projets concrets. Il n'est pas anodin que la crise des Gilets jaunes, qui a révélé un essoufflement de la démocratie représentative – on n'était donc plus légitime même si l'on avait été élu, ce qui est un défi lancé au fondement même de nos institutions –, ait trouvé son issue, même imparfaitement, dans un « grand débat national ». Hier, on aurait créé une commission. Aujourd'hui, on organise des espaces de prise de parole.

Succès, progrès, espoir

Jean-Pierre Raffarin raconte qu'Edgar Faure lui avait confié avoir fait toute sa carrière politique avec ces trois mots : succès, progrès, espoir. « Cette nouvelle caserne de pompiers, c'est un succès. En si peu de temps, grâce aux efforts de tous, et qu'ils soient ici remerciés, nous avons réussi à construire un bâtiment moderne et esthétique. C'est un progrès. Alors qu'auparavant les sapeurs-pompiers travaillaient dans un environnement vétuste, ils bénéficient désormais de conditions plus favorables. C'est un espoir. L'espoir que de nouvelles familles viennent rejoindre notre commune et que l'action plus efficace de nos sapeurs-pompiers permette à chacun de se trouver toujours plus en sécurité. » À transposer pour une crèche, une maternité, une halte-garderie, un commissariat, un marché couvert, une salle de spectacle !

Marché

C'est LE grand espace de la politique locale. Le dimanche matin, ça tracte à qui mieux mieux : la majorité entre le fromager et le maraîcher, l'opposition entre le fleuriste et le charcutier. Le maire passera vers 10 heures, le député vers 11 heures, et tous les candidats se montreront. Il s'agira de saluer les commerçants, de discuter avec les anciens, d'écouter les doléances, de rassurer à force de « je m'en occupe personnellement », « passez à ma permanence », « je suis d'accord, c'est intolérable », « on va changer tout ça, mais il faut voter pour nous ». J'aime bien cette ambiance de *Clochemerle*, à la fois dérisoire et militante !

Obama

Évidemment ! L'un des plus exceptionnels orateurs politiques contemporains. Magnétique, charismatique, envoûtant. J'ai eu l'occasion de l'entendre lors d'un de ses passages à Paris, et j'en garde le souvenir d'une expérience assez incroyable. D'abord par les mesures de sécurité : chiens démineurs, interdiction d'entrer ou de sortir de la salle pendant plusieurs heures avant le début de l'allocution. Ensuite par son physique : grand, mince, élégant, avec des bras très mobiles comme un compas. Et par la technique des prompteurs en plexiglas qui lui permet de faire défiler son texte sur des plaques transparentes situées de part et d'autre du pupitre, et de donner ainsi l'impression qu'il regarde le public en permanence. Du grand art.

Métier

J'ai la plus grande méfiance envers ceux dont la politique est le métier. Ils ont commencé à militer au lycée, puis à l'université. Ils ont fréquenté les syndicats étudiants. Ils ont participé à des grèves, des blocages ou des occupations. Ils ont protesté contre ces grèves, ces blocages ou ces occupations. Ils ont intégré les sections « jeunes » des partis politiques. Ils ont trouvé un poste d'assistant parlementaire ou de permanent d'un parti. Ils se sont rapidement présentés à une élection, puis à une autre, et n'ont jamais eu d'autre vie que politique. Ils doivent donc impérativement être élus. La politique, pour eux, n'est pas seulement une question de conviction, c'est aussi une question de nutrition. Et c'est précisément lorsque la politique n'a d'autre fin qu'elle-même, lorsqu'elle devient un mode de vie et que par conséquent la réélection est indispensable, que toutes les dérives apparaissent. Louis-Ferdinand Céline résumait cela d'une formule assassine : « Les plus grands déclamants sont les plus dégueulasses. L'enthousiasme à tant par mois. Et prêchi-prêcha. »

Rappelons-nous Cincinnatus, cet agriculteur que les sénateurs romains vinrent chercher dans son champ, au Ve siècle avant Jésus-Christ, pour qu'il dirige la bataille contre les Èques et qui, une fois l'ennemi vaincu, abdiqua pour retourner aux labours…

Dictateur

On n'échappe pas au constat : les grands dictateurs étaient tous, aussi, de grands orateurs. Cela pose évidemment question lorsqu'on enseigne, comme je le fais, la prise de parole en public. Et si, demain, l'un de mes élèves se servait de ce que je lui ai appris pour véhiculer des idées incompatibles avec l'idée que je me fais de la République ? Je n'ai pas la réponse à cette question que je me pose souvent. Je me dis toutefois que la parole est une arme, que comme toute arme elle peut être mise entre de mauvaises mains, mais que je préfère que chacun puisse riposter. À défaut, ceux qui auront été armés par des idéologues trouveront dans la jeunesse des proies faciles, dénuées d'esprit critique et de capacité à débattre, qu'ils pourront subjuguer, subvertir et embrigader. Enseigner la parole, c'est un risque politique. Mais je crois qu'il vaut d'être couru.

Programmes

Puisqu'on nous les envoie par la poste, je les lis. Autant par intérêt que par curiosité. Et puis il y a toujours dans une élection quelques candidats totalement farfelus qui rendent l'exercice assez distrayant. Pourtant, même si la plupart des candidats passent beaucoup de temps à élaborer des programmes très détaillés, chiffrés, ayant toutes les apparences de la crédibilité et de la cohérence, je n'accorde pas beaucoup d'importance à ces déclarations d'intentions.

En réalité, je ne trouve pas illégitime de voter en fonction de l'idée que je me fais de la personnalité du candidat, de ses valeurs, de ses principes, de sa colonne vertébrale idéologique. Ça peut apparaître subjectif et bien peu rigoureux, je le conçois. Mais l'expérience prouve que le candidat aura en pratique très peu l'occasion de mettre en œuvre son programme. Il devra surtout s'adapter aux événements par définition imprévus qu'il rencontrera au cours de son mandat. Et c'est là que la personnalité entrera en jeu. C'est dans le gros temps qu'on reconnaît le skipper.

Soirée électorale

J'adore les soirées électorales ! J'en ai vécu quelques-unes sur les Champs-Élysées, dans une effervescence bon enfant où l'on se baigne dans les fontaines de la Concorde. Quelques autres à la mairie où l'on égrène les résultats des bureaux de vote au fur et à mesure de leur arrivée et où les calculettes et les conciliabules vont bon train pendant que les candidats préparent leurs discours. Quelques autres devant ma télévision à regarder, après le résultat, les analyses des commentateurs appointés et les algarades des représentants des partis en lice. Suspens, démagogie, vainqueurs modestes, triomphants ou goguenards, vaincus effondrés, apathiques ou revanchards, échanges de noms d'oiseau, règlements de compte en direct : la démocratie a aussi ses soirées pop-corn.

Slogans

Le premier slogan politique qui a marqué ma jeunesse a été celui de Jacques Chirac : « Mangez des pommes » ! Avec le recul c'est tout de même assez invraisemblable qu'on ait pu élire un président de la République sur ce slogan qui ne veut strictement rien dire et qui n'a rien de politique.

Parmi les grands slogans politiques, il y a aussi eu, bien sûr, celui de François Mitterrand : « Changer la vie. » Et de fait, en 1981, on croyait encore que la politique pouvait véritablement transformer le monde et changer la vie. La désillusion a été cruelle, et c'est bien au contraire la vie qui nous a changés. Quand je me remémore – j'étais jeune, mais c'était marquant – ce moment d'effervescence démocratique, je pense systématiquement à la chanson de

Barbara *Regarde*. Il faut la voir en octobre 1981 à Pantin, hystérique, pieds nus, hurlant :

Regarde :
On a envie de se parler,
De s'aimer, de se toucher
Et de tout recommencer.
Regarde :
Au ciel de nôtre histoire,
Une rose, à nos mémoires,
Dessine le mot espoir…

C'était, évidemment, trop beau pour être vrai, mais c'était vraiment beau.

Vote

Je vote dans mon école maternelle. C'est dire que chaque dimanche électoral m'offre l'occasion d'une délicieuse retombée en enfance. Les institutrices ont soigneusement remisé les tables, les chaises, les tapis de sol, les jouets et les plantes. Mais restent aux murs les patères alignées, les lettres multicolores, les tables de multiplication et les dessins. Il y a presque quelque chose d'incongru à installer au beau milieu de cet univers d'innocence les symboles solennels de la démocratie. Mais après tout, la vérité du scrutin pourrait aussi sortir de la bouche des enfants.

À plusieurs reprises, j'ai tenu des bureaux de vote. C'est un poste d'observation très amusant. Il y a l'électeur qui arrive avec son bulletin déjà dans l'enveloppe, celui qui ne prend qu'un bulletin pour bien montrer pour qui il vote, celui qui s'échine au contraire à prendre un exemplaire de chaque, celui qui vient avec un parent diminué et qui prétend l'accompagner jusque dans l'isoloir, celui qui veut que son enfant mette l'enveloppe dans l'urne « parce que ça lui apprend », celui qui s'enquiert de la participation. Et puis il y a le rituel du dépouillement : celui qui ouvre l'enveloppe, celui qui sort le bulletin, celui qui donne le nom et les deux qui comptent, dans la terreur de l'erreur. On comprend vite, au ton de la voix ou aux mines des uns et des autres, le choix de chacun. Sans compter les bulletins nuls dont on sent qu'ils ont été soigneusement préparés en amont par l'électeur furibard ou goguenard, qui a inscrit sur son petit papier, selon les cas : « Georges Pompidou », « Napoléon Bonaparte » ou « Rends l'argent ! ».

Engagement

J'aime bien ce mot, parce qu'il est véritablement altruiste : on s'engage rarement tout seul, on s'engage en général à l'égard d'autrui. Et l'on met sa sincérité « en gage ». Évidemment, les scandales qui émaillent la vie politique mettent singulièrement à mal cette valeur, et l'on se demande parfois si l'expression

« être appelé aux affaires » ne serait pas revêtue d'un double sens regrettable. Et si l'on est féru de psychanalyse et de calembours, ce qui n'est pas incompatible, on peut se dire que dans l'engagement, souvent « le langage ment ». Mais je crois que l'engagement demeure une valeur forte, y compris et surtout pour la jeunesse. S'engager pour une cause politique, environnementale, humanitaire, sociale, civique, c'est donner un supplément d'âme à sa vie.

Meeting

J'y vais plus par curiosité que par conviction, mais je trouve que les meetings restent de vrais moments de vie politique. On est entre militants, les cars sont partis tôt le matin des sièges des fédérations, on s'est rassemblés autour du Zénith aux abords duquel trônent les barbecues, on a pris les bonnes places et sorti les drapeaux, on a discuté avec ses voisins de « ces impôts qui nous saignent » ou de « ces ministres qui s'en mettent plein les poches ». Une jeune pousse prometteuse du parti a commencé à chauffer la salle en début d'après-midi. Au fur et à mesure, les ténors sont arrivés, par ordre croissant, jusqu'à la tête d'affiche. Et là, tout est permis. Alors que la télévision aseptise le propos, la foule le désinhibe. On va donc utiliser toutes les ficelles de la harangue : les formules, l'humour, les slogans, les apostrophes, les anathèmes, les noms des opposants complaisamment offerts aux sifflets, les « Tartempion Président ». À la fin on se lèvera et on s'époumonera pour chanter, selon les cas, *L'Internationale* ou *La Marseillaise*. Et l'on rentrera chez soi revigoré, galvanisé, gonflé à bloc, plus citoyen que jamais.

À vous de jouer !

1. Une bonne façon de décrypter « visuellement » le poids des mots dans les discours politiques est de créer à partir de leurs textes des « nuages de mots ».

Vous trouverez sur Internet des sites qui, à partir de textes de discours – qu'il suffit de copier et de coller à l'endroit indiqué –, génèrent de tels nuages qui représentent la fréquence des mots par leur taille dans le nuage. Voici par exemple le nuage de la Déclaration des droits de l'homme et du citoyen de 1789 : vous constaterez que « droit » est beaucoup plus gros que « liberté » !

Vous pouvez vous amuser à écrire un discours exprimant votre programme politique pour – au choix – votre commune, votre association, votre syndicat, la

France, l'Europe… le monde, et le passer au crible du nuage de mots. Vous serez peut-être surpris des mots que vous aurez le plus utilisés !

2. Un autre jeu pour vous entraîner à exprimer vos idées, notamment politiques : celui de l'édito. Vous pouvez prendre chaque jour dans l'actualité un fait qui vous a marqué, et construire un édito de quelques minutes, que vous prononcerez à voix haute (d'abord avec un texte, puis une fois que vous serez plus aguerri avec un canevas), en trois temps : d'abord raconter le fait lui-même (narration), ensuite expliquer ce qu'il révèle de plus général (analyse) et enfin exposer votre position (argumentation).

Des mots et des muscles

C'est peu dire que je ne suis pas un grand sportif. Je participe de temps en temps à des courses de demi-fond, que je termine dans un état assez pathétique. J'apprécie davantage l'ambiance du départ et les orchestres qui émaillent le parcours que les crampes qui guettent à l'arrivée… Pour autant j'adore le sport, et j'admets volontiers être l'un des sélectionneurs sur canapé que la France compte par millions.

Le sport est pour moi d'abord un souvenir d'enfance. Comme tous les enfants de mon école, je jouais au football à chaque récréation, j'avais des vrais gants de gardien de but et je soutenais le Paris-Saint-Germain. C'était l'époque du président Borelli – celui qui embrassait la pelouse ! –, de Dominique Rocheteau, de Safet Susic, de Luis Fernandez, du gardien de buts Dominique Baratelli. Pour mon entrée en sixième, en 1983, j'avais demandé des places pour la finale de la Coupe de France. Sans broncher, ma grand-mère, soixante-douze ans à l'époque, avait fait plusieurs heures de queue au guichet du Parc des Princes pour acheter les précieux sésames. Je me souviens encore de ce match incroyable : Paris avait battu Nantes 3 buts à 2 après avoir été mené 2 buts à 1, but de Toko à dix minutes de la fin ! J'étais fou de joie !

Comme tous les petits fans, j'avais dans ma chambre les posters officiels et les photos de mes joueurs préférés, Michel Platini en tête. J'étais abonné à *Onze Mondial* que j'attendais impatiemment tous les mois. Je connaissais les noms des joueurs. Je notais tous les résultats du championnat de France dans le petit carnet de la saison. Plus qu'une passion, le football était devenu une obsession : quel que soit le sujet de rédaction, en français, je parsemais mes copies d'exemples footballistiques (je plains rétrospectivement les professeurs qui ont lu ces inepties !), le midi à la cantine, nous faisions des concours de pronostics avec les surveillants et, le dimanche, c'était Téléfoot le matin et Stade 2 le soir.

Évidemment le football de cette époque n'avait pas grand-chose de commun avec ce qu'il est devenu. Pas nécessairement moins violent – le Schumacher-Battiston de Séville en témoigne – ni moins truqueur – souvenons-nous de la « main de Dieu » de Maradona ! – mais sans doute plus artisanal et moins « pipolisé ».

Pendant la trêve estivale du foot, c'est le Tour de France qui prenait le relais. C'était l'époque Fignon-LeMond, un duel titanesque et homérique qui tenait en haleine la France entière. Roland Barthes a écrit des lignes inoubliables sur le Tour, ce « fait national fascinant, dans la mesure où l'épopée exprime ce moment fragile de l'Histoire où l'homme, même maladroit, dupé, à travers des fables impures, prévoit tout de même à sa façon une adéquation parfaite entre lui, la communauté et l'univers ». Ce n'est pas un hasard si cette épreuve inhumaine pour « forçats de la route » a suscité la fascination de tant de plumes célèbres, d'Albert Londres à Antoine Blondin : quoi de plus invraisemblable que cette cohorte héroïque magnifiant la souffrance à longueur de lacets, de bordures et d'échappés repris par un peloton vorace.

Le cyclisme a une autre particularité que je trouve fascinante : c'est une discipline qui assume la hiérarchie entre sportifs. Les sports collectifs reposent sur la fiction d'une parfaite égalité entre les participants. Toute remise en cause de ce dogme, toute mise en lumière d'une individualité sera balayée par l'intéressé : « Je suis au service du collectif. » Dans une équipe cycliste en revanche, la séparation est affichée, revendiquée : il y a d'un côté le leader, désigné par une sorte d'onction qui en fait un être à part, seul susceptible de gagner la course, et il y a de l'autre les équipiers, les sans-grade, les porteurs de bidon qui sont à son service, vont l'aider dans les difficultés, l'attendre s'il chute, lui donner leur vélo s'il casse le sien, se sacrifier pour lui ouvrir la route, et enfin s'effacer à l'arrivée du col pour que puisse avoir lieu l'affrontement des « costauds ». Le cyclisme est un sport hégélien : il a ses maîtres et ses esclaves.

Pour autant, les cyclistes détonnent : nomades, ils ignorent les hôtels de luxe, ils jouent de leur accessibilité, de leurs origines (c'est « le régional de l'étape »), de leurs fringales, de leurs chutes, de leurs défaillances. Ils s'affichent aux yeux de tous avec leurs forces et leurs faiblesses, leurs gloires et leurs souffrances. Couverts de pluie ou de boue, écrasés de soleil, ils transpirent, glissent, urinent, loin des images de papier glacé que d'autres sports peuvent renvoyer. Bref, ils ne sont pas des dieux du stade, ils sont des hommes des routes.

Suivre le Tour, c'est aussi pour un enfant une occasion rêvée de découvrir une géographie, des paysages et un patrimoine : dans le Tour de France, il y a le Tour (c'est le sport) et il y a la France (c'est le décor). Et c'est parce qu'il est formidablement éducatif que le Tour de France est infiniment populaire. Tout dans le Tour signe le temps des vacances : la gratuité, l'itinérance, le temps qui s'étire alors que la caravane passe.

J'ai également beaucoup regardé le tennis, avec ses affrontements légendaires (Borg-McEnroe, Navratilova-Evert, Edberg-Wilander, Agassi-Sampras). Je me souviens évidemment du match Lendl-Chang, celui du service à la cuillère qui avait subjugué tous les spectateurs et conféré des allures de psychodrame à ce David contre Goliath sur terre battue. Roland-Garros, c'était le tournoi qu'on regardait en fraude : puisqu'il se déroulait à l'époque des examens de fin d'année, il y avait toujours un petit sentiment de culpabilité à allumer la télévision. J'ai aujourd'hui la joie de m'y rendre de temps en temps, l'esprit plus libre.

J'aime le sport car il est une façon de magnifier la force et l'adresse de ceux qui vont au bout d'eux-mêmes, pour le plaisir ou pour la performance, pour la santé ou pour une coupe, pour le plein air dominical ou pour la gloire olympique.

Commentateurs

Il y a bien sûr les tandems mythiques des commentateurs télévisuels, toujours sur le modèle « journaliste-spécialiste » (pour s'en tenir aux « historiques » : Roland-Larqué, Couderc-Albaladejo, Chamoulaud-Loth), avec leur enthousiasme et leur chauvinisme de bon aloi. Mais pour moi, les grands orateurs sportifs sont avant tout les commentateurs de radio. Une chose est en effet de décrire et d'analyser ce que le téléspectateur voit aussi bien que vous, une autre est de lui donner à imaginer une action par la seule force des mots. C'est ainsi qu'enfant j'écoutais le « multiplex » les samedis soir de championnat de France. Après le couvre-feu familial, je baissais le son de mon Radiola, j'y collais mon oreille et je me promenais de stade en stade dans l'attente d'une exclamation « But à Laval ! », « Ouverture du score à Lyon ! » ou « Penalty à Bordeaux ! ». Le maître d'œuvre était Eugène Saccomano, faconde méridionale et voix s'envolant dans les aigus, qui parvenait à vous faire croire à une action dangereuse dès que le ballon passait la ligne médiane. Côté vélo, son homologue se dénommait Jean-René Godart, et l'on avait l'impression d'être avec lui sur sa moto au cœur du peloton. Il m'a ainsi mené au sommet du Galibier, de l'Izoard, du Tourmalet, du Ventoux, de l'Alpe d'Huez, de l'Aubisque, du Pourtalet, tous ces lieux que je n'ai jamais visités et que j'ai pourtant, grâce à lui, le sentiment de connaître : c'est le miracle des mots.

Haka

Je ne connais rien au rugby. Les règles m'en paraissent d'une extraordinaire complexité et je n'ai jamais compris quand il y avait mêlée, pénalité, ou renvoi aux 22, ni qui devait faire l'introduction ou la touche. Je trouve paradoxal ce sport où l'on avance en reculant. J'aime pourtant les termes imagés qu'il recèle (la cocotte qui progresse, le cadrage-débordement, le maul pénétrant, le raffut) et qui transforment la violence en virilité, souvent d'ailleurs sur le registre culinaire (caramel, bouchon, fourchette, cuillère, arrêt-buffet).

Mais mon mot préféré, c'est le haka. Cette danse traditionnelle maorie que les équipes océaniennes – au premier rang desquelles la Nouvelle-Zélande – exécutent avant les matchs dans le but d'impressionner l'adversaire, de le déstabiliser, de l'intimider et de lui montrer leur détermination, revêt une dimension culturelle et guerrière qui paraît venir du fond des âges pour surgir à la face du monde. J'adore cette chorégraphie face à laquelle on est inévitablement désemparé.

Love

Les scores, au tennis, sont annoncés en anglais. Je me suis longuement demandé pourquoi « zéro » se disait « *love* ». Les arbitres anglo-saxons étaient-ils si désespérés que cela de l'amour ? J'ai découvert récemment que tel n'était pas le cas. « *Love* » est en réalité la transposition en anglais du français « l'œuf » (dont la forme est peu ou prou celle d'un zéro). Au jeu de paume, l'ancêtre du tennis, on annonçait donc le zéro comme « l'œuf ». L'amour n'est pas en cause, nous voilà rassurés !

Salle de sport

« Cette année, c'est décidé, je me remets au sport, j'ai pris un abonnement à la salle à côté de chez moi, je suis supermotivé. » Probablement la résolution de début d'année la plus éphémère. On le comprend au demeurant : entre rameurs, vélos elliptiques, appareils de musculation, haltères, espaliers, tapis de course, sudation et ahanements, le lieu a souvent l'allure peu engageante d'une salle de torture. Sans compter les vociférations du prof bodybuildé d'abdos-fessiers et l'inévitable comparaison avec votre voisin de tapis qui accroît vos complexes. Alors on n'y remet plus les pieds, et l'on culpabilise en maugréant à chaque prélèvement de l'abonnement. Mais il en va probablement du sport comme de la psychanalyse : le paiement fait partie de la thérapie.

Athlète

L'athlète, c'est d'abord un geste : une foulée, un lancer, un saut, répété des milliers de fois. Les disciplines n'ont guère varié depuis la Grèce antique. Dans *Les Olympiques*, Henry de Montherlant décrit un discobole qui s'entraîne : « Il est seul. Il fait pour lui seul sa musique pure et perdue, son effort qui ne sert à rien, sa beauté qui mourra demain. Il lance le disque vers le disque lunaire, comme pour un rite très ancien, officiant de la Déesse Mère, enfant de chœur de l'étendue. Seul, tellement seul, là-bas. Il fait sa prière pure et perdue. » La nuit, un stade vide, l'effort gratuit, le dépassement de soi, la beauté du mouvement : tout le sport est là.

ENA

Lorsque j'ai passé le concours d'entrée à l'ENA, il y avait une épreuve de sport. J'en garde un souvenir à la fois ridicule, dérisoire et cuisant. Il faut imaginer la scène. Nous sommes en novembre, il fait froid et sombre, et une centaine de jeunes gens qui ont plus l'habitude des bibliothèques universitaires que des stades et des pistes d'athlétisme se retrouvent au petit matin dans le bois de Vincennes, à l'INSEP (c'est un concours administratif, il faut donc probablement faire appel à des chronométreurs officiels). Beaucoup ont acheté des baskets la veille. J'ai choisi le 100 mètres, le 1500 mètres et le lancer du poids. Les barèmes sont assez exigeants, et je suis objectivement nul. Comme nombre de mes camarades, j'ai le souffle court et les muscles discrets.

Mais le plus drôle est le regard interloqué des véritables athlètes de haut niveau de l'INSEP sur nos performances médiocres. Ils devaient se demander qui nous étions et ce que nous faisions dans ce gymnase ordinairement dédié à l'entraînement des futurs médaillés. Je crois avoir croisé le regard de

Marie-José Pérec, qui semblait chercher l'emplacement de la caméra cachée.

Danseuse

Au cyclisme, lorsque la pente devient forte, on se « met en danseuse ». Quelle belle expression, qui fait entrer l'art délicat des petits rats et des étoiles de ballet dans le monde âpre du vélo. Comme si le lycra se faisait tutu et le cycliste ballerine. Comme si l'on grimpait les cols par entrechats et si le contre-la-montre relevait de l'arabesque.

Avaler la trompette

Le sport regorge de ces expressions truculentes, nées de l'imagination sans borne de commentateurs ou de supporters et que l'on n'entend que sur le bord des terrains. Voici un petit florilège particulièrement pittoresque, à l'intention des non-initiés : « la cabane est tombée sur le chien » ou « le cochon est dans le maïs » (votre équipe vient de perdre tout espoir de victoire), « les mouches ont changé d'âne » (une équipe a repris le dessus), « cirer le banc » (être très souvent cantonné au rôle de remplaçant), « nettoyer la toile d'araignée » (marquer un but dans la « lucarne », entre le poteau et la barre transversale), avoir « avalé la trompette » (être exténué). Et si un joueur « ne fait pas le voyage pour rien », c'est paradoxalement que son adversaire et lui « ne passeront pas leurs vacances ensemble »...

Hooligans

J'ai assisté médusé, devant ma télévision, au drame du Heysel. Le hooliganisme a longtemps été le cancer du football. Y compris au Parc des Princes où s'affrontaient les skinheads de la tribune d'Auteuil et les anarchistes de la tribune Boulogne. Des kyrielles de décérébrés prenaient prétexte d'un match pour en découdre et mettaient des stades et des villes à feu et à sang. C'était un vrai défi lancé aux clubs, car la crainte de débordements pouvait avoir un effet dissuasif sur le public « normal ». Force est de constater que le phénomène s'est estompé, sans pour autant avoir disparu. L'arsenal répressif – interdictions de stade ou d'abords, interdiction de déplacements – s'est étoffé et l'augmentation très significative des prix des places et des abonnements a éloigné les hooligans, souvent issus de milieux défavorisés, au détriment des supporters modestes mais fervents, dindons de ce qui n'était pas une farce.

Mais puisque la bêtise humaine est à l'évidence capable de métempsychose, l'homophobie a pris dans les stades le relais du hooliganisme, comme si sous couvert de folklore la virilité grégaire était en réalité un blanc-seing à l'expression des pulsions les plus primaires des cerveaux reptiliens.

Décidément, on a parfois du mal à supporter les supporters.

Géopolitique

Le sport n'échappe pas aux soubresauts du monde. Il en est même, parfois, la caisse de résonance, à tel point qu'on pourrait écrire une histoire des relations internationales à travers les Jeux olympiques. Propagande hitlérienne contrecarrée par les performances de Jesse Owens aux Jeux de Berlin en 1936, attentat contre les athlètes israéliens aux Jeux de Munich en 1972, boycott des Jeux de Moscou en 1980 et de ceux de Los Angeles en 1984, dopage institutionnalisé des athlètes – notamment nageuses ou gymnastes – par l'URSS et ses alliés lors de la guerre froide, souhait de certains athlètes de porter un badge de protestation contre les violations des droits de l'homme au Tibet lors des Jeux de Pékin en 2008, polémique sur le port du voile par des athlètes aux Jeux de Londres en 2012, refus d'un judoka égyptien de serrer la main de son adversaire israélien aux Jeux de Rio en 2016.

La popularité des Jeux olympiques a aussi conduit à leur instrumentalisation. C'est sans doute ce que l'on appelle le revers de la médaille.

Paroles de sportifs

« On prend match après match », « il ne faut pas s'emballer », « ce sera un match dur », « il faut rester concentré sur nos objectifs », « il faut se recentrer sur nos fondamentaux » : les sportifs aussi ont leur langue de bois ! Mais au-delà de ces formules toutes faites, il y a de très bons orateurs parmi les sportifs. Ils ont d'ailleurs souvent été entraîneurs, journalistes ou dirigeants à la fin de leur carrière sur le terrain : Yannick Noah, Guy Forget, Bixente Lizarazu. Les discours d'avant-match, destinés à galvaniser une équipe, peuvent aussi être de vrais moments d'éloquence, et je regarde toujours avec nostalgie la causerie un peu lunaire mais sincère et efficace d'Aimé Jacquet dans le documentaire *Les Yeux dans les Bleus* : « Muscle ton jeu, Robert ! »

Catch

J'adore le catch, car c'est à la fois complètement déjanté et parfaitement sérieux. C'est le sport qui se moque de lui-même, entre performance physique et performance scénique. Tout vole en éclats : les règles, la compétition, l'arbitre, l'incertitude du résultat. On est à mi-chemin entre le ring et le cirque et les compétiteurs sont eux-mêmes des hybrides, moitié athlètes, moitié comédiens. Les cascades sont extraordinaires, précisément parce qu'elles sont prévues, calibrées, chorégraphiées. L'ange blanc, Hulk Hogan, André le Géant : les noms des catcheurs eux-mêmes sortent tout droit de séries B. L'arbitre est dûment pris à partie, on grimpe sur les cordes, on se jette, on s'étrangle, on prend son élan pour mieux frapper (et mieux simuler !), avant de conclure avec le fameux « coup de la corde à linge », sous le regard ébahi du public qui frisonne devant cette géniale mascarade, ce splendide combat de toc, cette glorification du chiqué.

Arbitrage vidéo

Le fossoyeur des discussions de comptoir. Hors-jeu, pas hors-jeu ? Penalty, pas penalty ? But, pas but ? Main, pas main ? Essai, pas essai ? Ace ou faute ? À toutes ces questions existentielles, la réponse est désormais apportée par le petit écran. Les résistances ont été fortes, au nom d'une égalité entre le sport professionnel des pays riches – qui peut se payer un arbitrage vidéo – et le sport amateur ou des pays pauvres – qui ne le peuvent pas. Mais c'était le sens de l'Histoire. On y a gagné en rigueur et en vérité ce qu'on y a perdu en passion et en palabres. La glorieuse incertitude du sport a cédé face à l'impérieuse certitude du score.

Hymne

Les hymnes cristallisent toutes les passions, car au rebours de l'individualisme ambiant, ils rappellent que les athlètes ne sont pas des déracinés poursuivant des lauriers individuels, mais qu'ils sont aussi, parfois à leur corps défendant, les citoyens d'une nation. Il y a donc l'hymne qu'un champion écoute au bord des larmes en regardant le drapeau de son pays hissé en haut d'un mât. Il y a celui que l'on reproche à des joueurs de ne pas chanter avant un match. Il y a celui qui est sifflé en signe de défiance et d'hostilité. L'effet Coupe du Monde, auquel on a cru quelques semaines en 1998, s'est rapidement éventé : le sport reflète la société, il ne la répare pas.

À vous de jouer !

Une très bonne manière de s'entraîner à parler consiste à décrire et à commenter votre quotidien comme si c'était une rencontre sportive. Dans votre voiture, dans les transports en commun, à pied, racontez – à voix haute ou à voix basse, selon les circonstances ! – les situations que vous rencontrez, imaginez les conversations des personnes que vous croisez, dépeignez les paysages que vous voyez. Bref, appuyez-vous sur les situations qui se présentent à vous pour nourrir votre imagination, et votre éloquence.

La musique des mots

Je suis mélomane. Il y a quelque chose d'un peu étrange dans ce mot. Y aurait-il inévitablement dans l'amour de la musique une forme de « manie », d'excès, d'obsession, de démesure, de vice, de folie ? Serait-on mélomane comme on est mégalomane, mythomane, graphomane ou cocaïnomane ? Ne pourrait-on aimer la musique raisonnablement, la « consommer avec modération », selon les objurgations contemporaines des sociétés aux plaisirs tièdes ? L'amour de la musique est le seul que l'on désigne par un terme qui exclut la demi-mesure : on est bibliophile, on est cinéphile, on est francophile, mais on est mélomane !

C'est donc mon cas. La musique peuple mon quotidien, à la fois comme une inspiration et comme une respiration. Je n'écoute pas de musique en travaillant : musique et travail, pour moi, se dégradent l'un l'autre. Si j'écoute, j'écoute ! Je ne suis pourtant pas un discophile (et donc, encore moins, un « discomane » !). Je connais ces passionnés qui comparent des versions d'une même œuvre, qui se délectent de vieilles cires, qui cherchent l'enregistrement inédit, qui exhument la bande unique. Et bien sûr, je le reconnais volontiers, les micros ont permis de conférer une éternité à des miracles instantanés qui, sans cela, auraient été perdus pour toujours. Mais pour moi, l'épreuve de vérité, en musique comme pour la parole, c'est la scène !

Et de ce point de vue, les musiciens et les orateurs sont évidemment frères. Même trac, même mise en scène, même exigence de sincérité, même recherche d'un compromis délicat entre rigueur et liberté. Parenté encore dans le rapport au texte : comme l'orateur, le musicien, s'il n'improvise pas, sert une partition qui est à la fois un impératif (au nom de quoi se permettrait-on d'ignorer les consignes du compositeur ?) et un point de départ : il reste, entre les obligations imposées par le texte – qu'il soit de mots ou de notes –, tant d'interstices pour l'interprétation.

Enfant, j'ai joué du piano. Pour mes parents, qui célébraient le culte de la sainte trinité « Brel-Brassens-Barbara » et n'avaient pas particulièrement de goût pour la musique dite « classique », l'étude du piano faisait partie de la panoplie des activités extrascolaires à peu près incontournables, à l'instar du tennis ou de l'équitation. Lorsque j'avais six ans (tiens, c'est la première phrase du *Petit Prince*… !), un piano droit est donc arrivé à la maison. Ce qui est amusant avec le piano, c'est qu'il est à la fois un instrument et un meuble.

Avec le piano sont arrivés le professeur de piano, les gammes, les arpèges, le solfège, le chant, les auditions de fin d'année, les examens, les mentions et toutes les autres joyeusetés qui font le quotidien des conservatoires. « Conservatoires » ! Peut-on plus mal nommer ces lieux où la musique ne devrait pas se conserver mais se transmettre ? Au demeurant, le mot a pu, dans un étonnant mouvement, influer sur la chose qu'il désigne : je garde du conservatoire le souvenir d'un lieu où l'on parlait de tout sauf de musique. Il y était question de doigts ronds, de dictées d'accords, de septièmes diminuées, de tableaux de dièses et de bémols, de *Méthode Rose* (comme la couleur peut être trompeuse !), de Hanon (auteur d'un cahier d'exercices particulièrement assommants, dont le patronyme dit tout, au contraire !), mais de musique, d'inflexions, d'émotions, de beauté, pour ainsi dire jamais. Le conservatoire avait, somme toute, pris tout ce que l'école pouvait avoir de rébarbatif, sans offrir l'éveil artistique et sensible qui aurait dû le rendre attrayant. Pour le dire rapidement, le contraire de la musique, c'était l'école de musique, et « jouer du piano » était un oxymore !

J'ai pourtant persévéré jusqu'à ce que mon professeur, qui avait fait jusqu'alors preuve d'une patience d'ange, se lasse, et moi avec. Il fallait se rendre à l'évidence : le piano était devenu davantage une source de frustration qu'un moment de plaisir. J'ai donc abandonné, dans un mélange d'amertume et de soulagement. Et paradoxalement, c'est précisément lorsque j'ai cessé de pratiquer la musique que j'ai commencé à l'aimer. Une fois débarrassé de l'instrument, qui me renvoyait l'image de lacunes techniques béantes, j'ai pu apprécier la musique pour elle-même.

En définitive, même si cela n'a pas été concluant, je suis très heureux d'avoir appris à jouer d'un instrument. D'abord, le fait de savoir lire la musique me permet d'entrer plus facilement de plain-pied dans les œuvres que j'écoute, partition sur les genoux. Je peux aussi, quand on me le demande, jouer le rôle de tourneur de pages, que je déteste, car on ne profite pas du concert, obsédé que l'on est par la terreur de tourner au mauvais moment ou de tourner deux pages à la fois (les deux me sont arrivés !). Et puisque les discours obéissent aux mêmes règles que la musique (accélérations, ralentissements, accents, silences, périodes, variations d'intensité), j'ai souvent annoté mes textes comme je l'aurais fait d'une partition.

Ce n'est pas tout : ayant effleuré l'exigence que requiert la maîtrise d'un instrument, je mesure mieux le sacerdoce quotidien que représente pour les musiciens la transmission des chefs-d'œuvre dont ils sont les dépositaires. Me voici donc, toujours au prisme de l'admiration, une sorte de « groupie des pianistes » !

On dit souvent, non sans raison, que la France n'est pas un pays de musiciens. Il est vrai que la tympanisation des collégiens par des flûtes à bec, qui a longtemps symbolisé jusqu'à la caricature l'enseignement de la musique dans notre pays (mais dans quel esprit a donc pu naître l'idée saugrenue que le meilleur moyen de faire aimer la musique à des adolescents serait de leur faire jouer de la flûte à bec ?), n'a pas favorisé la diffusion d'une culture musicale. Je crois que la création, annoncée fin 2017, de chorales dans les établissements scolaires est bien plus pertinente de ce point de vue.

Finalement, la musique classique souffre du même mal que l'éloquence : l'image tenace d'un art élitaire et compassé qui serait l'apanage d'initiés érudits. Or rien n'est plus faux, puisque la musique, comme la parole, n'est rien d'autre qu'un mode d'expression de sentiments humains universels, et qu'elle est en cela accessible à tout un chacun. C'est pourquoi il faut sans cesse rapprocher la musique du public : géographiquement en multipliant les concerts au plus près des spectateurs, et émotionnellement en encourageant les concerts commentés qui permettent à chacun, et notamment aux enfants, d'apprivoiser les œuvres et d'en percer les mystères parfois intimidants.

La musique ayant pris le relais du piano, j'ai donc commencé à fréquenter les concerts. Et comme je n'avais pas de gros moyens, je guettais les concerts gratuits.

Il y avait à cette époque sur France Musique une émission qui s'appelait *En blanc et noir*, en référence à la pièce éponyme pour deux pianos de Debussy. Le concept était on ne peut plus simple : chaque midi était diffusé en direct depuis la Maison de la Radio un récital de piano d'une heure capté en public. Puisque j'étais libre (cette liberté est, chez les étudiants, l'autre nom de l'oisiveté...) et que l'entrée l'était aussi, j'ai passé deux ans à fréquenter le studio 106 dans une boulimie de répertoire qui a, petit à petit, fait mon initiation musicale.

D'une façon générale, je cherchais tous les subterfuges possibles pour écouter de la musique. Et puisque c'est prescrit, je puis maintenant l'avouer : combien de fois ai-je resquillé, en entrant à l'entracte, en me faufilant par l'entrée des artistes ou en souriant aux ouvreuses !

Nous avions peu de disques à la maison. Encore moins des disques de musique classique. Ma mère avait toutefois acheté le concerto pour deux violons de Bach par David et Igor Oïstrakh, et ce dialogue père-fils autour d'une musique si céleste me fascinait. Par la suite, mes parents m'ont offert plusieurs disques de la célèbre collection du Petit Ménestrel, dont je crois qu'elle a fait découvrir les grands compositeurs – et les grands comédiens qui les incarnaient – à des générations entières d'enfants. Mozart par Gérard Philipe, Chopin par Delphine Seyrig, Beethoven par Michel Bouquet… J'ai écouté ces vinyles avec tant de joie ! J'entends encore Gérard Philipe dire de sa voix claire, douce et enveloppante : « Un artiste n'est rien sans le don, mais le don n'est rien sans le travail. » Un morceau de Mozart en particulier, qui figurait sur cet album, a été mon premier coup de cœur, je l'écoutais en boucle, fasciné par son caractère virtuose et spirituel. J'ai su bien plus tard que cette pièce n'était rien d'autre que… *La Marche turque* ! Comme quoi les chefs-d'œuvre parlent immédiatement au cœur des enfants. Baudelaire a bien raison de dire que « le génie, c'est l'enfance retrouvée à volonté ».

Plus tard est apparu le CD. Je me souviens du premier que j'ai acheté : les *Nocturnes* de Chopin par Daniel Barenboim. Puis progressivement tout Chopin, par Arthur Rubinstein.

Comment expliquer cette place particulière qu'occupe Chopin dans le cœur des mélomanes ? Peut-être est-elle due aux liens que Chopin tisse entre le classicisme et le romantisme, entre la mélodie et l'harmonie, entre le piano et la voix ? Comment être insensible à ses « phrases, au long col sinueux et démesuré, si libres, si flexibles, si tactiles » que Mme de Cambremer, nous raconte Proust dans *Un amour de Swann*, « avait appris dans sa jeunesse à caresser ». Voilà bien toute l'ambiguïté de Chopin : compositeur pour jeunes filles en fleurs, terreur des professeurs de piano qui redoutent le moment où l'élève va vouloir jouer l'étude « Tristesse » ou le prélude « À la goutte d'eau » (sobriquets d'éditeurs auxquels Chopin est évidemment étranger !), et pourtant génie intact, aristocrate et visionnaire, reconnaissable entre mille.

Aux enregistrements se sont par la suite ajoutées les vidéos. Les captations de concerts et autres performances sont légion sur Internet. Cela contribue aussi à rendre la musique accessible à tous.

Voici quelques-unes de mes préférées. Il y a d'abord la vidéo de Tom et Jerry sur ce « tube » absolu qu'est la *Deuxième Rhapsodie hongroise* de Liszt. La course-poursuite entre Tom et Jerry dans un piano à queue à coups de gammes, de trilles, de ciseaux et de piège à souris est hilarante, pour les petits comme pour les grands. Une jolie façon d'amener les plus jeunes à la musique, sans sacrifier la qualité sur l'autel de l'humour. Il y a ensuite ces vidéos « musico-comiques » à la fois incroyablement virtuoses et totalement irrésistibles. Si les noms de Victor Borge, de Dudley Moore ou d'Igudesman & Joo ne vous disent rien, précipitez-vous sur Internet, et savourez !

Je vous en donne une dernière pour laquelle j'ai une tendresse particulière. Vous la trouverez facilement sous le titre « Maria João Pires Expecting Another Mozart Concerto ». La scène se déroule à Amsterdam lors d'une « répétition publique » d'un concerto de Mozart. La salle est donc pleine, mais c'est une première répétition. L'orchestre commence et joue le début du *Concerto n° 20* de Mozart. On voit alors la pianiste, Maria João Pires, se décomposer : elle s'attendait à jouer un autre concerto de Mozart. Alors que l'orchestre poursuit, un dialogue surréaliste s'engage entre Pires et le chef, Riccardo Chailly. Pires explique qu'elle a préparé une autre œuvre, Chailly répond qu'ils ont déjà joué ensemble ce *Concerto n° 20* de Mozart l'année précédente. Le quiproquo est total, on sent Pires complètement désemparée. Finalement, elle se concentre, n'interrompt pas l'orchestre et joue ce 20e concerto, qu'elle avait « dans les doigts », génialement.

Piano

Lorsque j'entre dans une salle de concert, je suis toujours impressionné par ce grand squale reluisant qui trône déjà au milieu de la scène avec ses dents blanches prêtes à dévorer le pianiste qui va avoir l'outrecuidance de venir s'asseoir devant lui ! Alors que le violoniste, le violoncelliste, le flûtiste, etc., arrivent sur scène avec leur instrument, le pianiste sort des coulisses seul, s'approchant selon les cas à pas rapides ou hésitants de cet intimidant partenaire de concert. Car il y a là aussi, pour les pianistes, une contrainte particulière : hormis quelques immenses virtuoses qui voyagent avec leur piano, ils découvrent chaque soir un nouvel instrument qu'ils doivent apprendre en quelques heures à connaître et à maîtriser. Un pianiste, c'est un dompteur qui changerait de lion tous les soirs !

Il y a aussi dans le piano une dimension « mécanique » que j'aime beaucoup. Un piano se démonte comme une voiture. Il y a des marteaux, des étouffoirs, des feutres, une table d'harmonie, des pédales. Il existe également un système dit de « double échappement » – comme si le pianiste avait une solution de fuite ! – qui permet de répéter rapidement une même note. Bref, le piano est autant un instrument qu'un outil. D'ailleurs, le mythique pianiste Arturo Benedetti Michelangeli, par ailleurs passionné de sport automobile, était capable de démonter et de remonter entièrement son piano, comme ses voitures.

Le piano a ceci de commode qu'il est déjà accordé lorsqu'on en joue. Contrairement aux instrumentistes à cordes, le pianiste ne « fabrique » pas le son : celui-ci lui est imposé par l'accordeur. Mais il va lui donner une couleur particulière, caressante ou brutale, chaude ou froide, précise ou nimbée. Ainsi le piano peut devenir orchestre, percussion, chant. Il peut aussi être un précieux partenaire pour une cantatrice ou d'autres instruments. Certains pianistes se sont d'ailleurs spécialisés dans le rôle effacé mais essentiel d'accompagnateur. L'un d'eux, Gerald Moore, qui a joué avec les plus grands, a spirituellement intitulé ses mémoires *Am I too loud ?* : « Faut-il jouer moins fort ? » Un bel exemple d'autodérision !

Et puisqu'il n'existe pas de piano sans pianiste, je ne résiste pas au plaisir de partager avec vous le délicieux texte, piquant et drolatique, de Francis Blanche qui accompagne la pièce « Pianistes » du célèbre *Carnaval des animaux*, dans laquelle Saint-Saëns caricature, par sa musique, tous les tics des pianistes (gammes, exercices, couacs retentissants) : « Quel drôle d'animal ! On dirait un artiste ! Mais dans les récitals on l'appelle pianiste. Ce mammifère concertivore, digitigrade, vit le plus souvent en haut d'une estrade. Il a des yeux de lynx et une queue-de-pie, il se nourrit de gammes, et ce qui est bien pis, dans les vieux salons il se reproduit mieux que les souris. Près de son clavier il vit en soliste ; cependant, sa chair est peu appréciée : amateurs de gibier, chasseurs, sachez chasser ! Ne tirez pas sur le pianiste ! »

Partition

C'est évidemment LA grande affaire des musiciens. Un peu comme le texte est LA grande affaire des comédiens. La partition est tout ce qui nous reste des compositeurs. Faut-il alors en respecter chaque indication comme s'il s'agissait d'un texte sacré ? Peut-on au contraire s'en affranchir ? Son respect scrupuleux bride-t-il la liberté de l'interprète ? Le merveilleux comédien et « passeur de théâtre » qu'est Jean-Laurent Cochet qualifie souvent le texte d'une pièce de simple « brochure », pour signifier que le travail du comédien est précisément d'aller au-delà des mots écrits et de la ponctuation. Je crois qu'il en va de même pour la partition : elle dit tout, sauf l'essentiel. Il faut évidemment la respecter, faute de quoi l'on s'arroge un rôle de co-compositeur ou de transcripteur. Mais le respect n'est pas l'esclavage, et il appartient à chaque interprète d'ajouter au simple respect des notes et didascalies le supplément d'âme qui traduit ses émotions et sa vision de l'œuvre. Il ne suffit pas d'être exact, encore faut-il être juste.

Autre question : faut-il jouer avec la partition ? Personnellement, ça m'est complètement égal : je viens écouter un interprète, pas une carte mémoire ! Une des réflexions que l'on entend le plus souvent à la sortie des concerts est : « Et en plus il connaît tout ça par cœur ! » C'est, il me semble, assez dégradant pour l'artiste, qui se trouve ainsi réduit au rôle d'athlète mnésique.

De plus en plus de pianistes jouent d'ailleurs avec la partition. Cela peut être une façon de se débarrasser des questions de « trou de mémoire » qui génèrent inutilement un stress supplémentaire. Cela peut aussi être une position de principe : en ayant la partition sous les yeux, l'artiste serait « sous la surveillance » du compositeur et ne pourrait commettre d'écart. À l'inverse, pour d'autres pianistes, la partition est une gêne : outre qu'elle impose la présence d'un tourneur de pages, avec tous les risques d'erreur que cela comporte, elle bride la liberté et la spontanéité.

Concert

C'est le moment de vérité pour l'artiste, celui que je préfère. L'enregistrement de studio a tendance, à force de montage et de mixage, à donner des résultats d'une perfection un peu aseptisée, alors que selon la belle formule du pianiste Samson François, « acheter une place de concert, c'est prendre un billet pour l'aventure ». C'est cette adrénaline, cette magie de l'instant, ce risque des funambules, cet inconnu prometteur que je recherche lorsque je vais au concert. Sans subterfuge, sans masque, sans session de rattrapage, le musicien est devant le public comme l'orateur qui improvise : dans une palpitation féconde. J'aime la musique vivante comme j'aime la parole vivante.

Reste la question du rituel du concert qui me paraît, quant à lui, irrémédiablement dépassé. L'image du pianiste en frac, gigantesque pie amidonnée, mutique et ne montrant que son profil droit, relève d'une époque révolue. À l'inverse, je trouve assez étonnante – c'est un euphémisme ! – cette mode contemporaine des musiciennes classiques devenues des objets de marketing, arborant sur papier glacé des décolletés vertigineux à la une des magazines spécialisés ou s'efforçant de jouer juchées sur des talons de 12 centimètres. Comme il est loin le temps où l'immense pianiste russe Sviatoslav Richter jouait dans le noir total pour que ses tics et mimiques éventuels ne distraient pas les auditeurs, tout en faisant distribuer à l'entrée de la salle un petit texte où il exprimait le souhait que la pénombre favorise la concentration et non l'assoupissement !

Festival

Depuis quelques années, je participe à l'organisation d'un festival. L'été, les festivals prennent le relais des salles classiques des centres urbains. Quel église, cloître, halle, château n'a pas son festival d'été, où l'on peut savourer la musique l'esprit libre, dans la torpeur et la quiétude des vacances. Les festivals doivent souvent leur succès aux mêmes facteurs : la magie des lieux et la proximité avec les artistes, le patrimoine et la convivialité. Le festival dont je m'occupe n'échappe pas à cette règle. Il se déroule à Nohant, dans l'Indre, dans les dépendances de la maison de George Sand où Chopin résida sept étés et où il composa ses plus grands chefs-d'œuvre. Il y a pour moi une réelle magie à écouter des œuvres sur le lieu où elles ont été créées.

Au sein de ce festival, je m'occupe du jeune public. Nous organisons des concerts dédiés aux enfants des écoles maternelles et primaires des alentours, pour les sensibiliser aux émotions que la musique permet de partager. Je crois très important de transmettre la musique aux plus jeunes comme je le fais pour la parole, parce que l'une comme l'autre sont nécessaires à la vie. Abandonner ces champs aux familles, c'est laisser se développer les inégalités, alors que nous avons tous également besoin de convaincre comme de rêver.

Le poète René Char nous le rappelle : « Dans nos ténèbres, il n'y a pas une place pour la beauté. Toute la place est pour la beauté. »

Violoncelle

Après le piano, mon instrument favori est sans doute le violoncelle. D'abord parce que c'est celui dont le son se rapproche le plus de la voix humaine. Ensuite parce qu'il y a quelque chose d'éminemment physique dans cet instrument : on l'enserre, on l'embrasse, on l'enlace, on l'étreint. On est avec lui dans un corps-à-corps vibrant, charnel, là où le pianiste est dans un face-à-face distant, prudent.

Et puis il y a un mot magique : à l'intérieur des violoncelles, comme d'ailleurs des violons, des altos et des contrebasses, se trouve une petite pièce de bois cachée, presque secrète, qui a pour fonction de transmettre les vibrations des cordes à l'ensemble de la caisse de résonance. Cette pièce s'appelle « l'âme ». Une âme qui fait résonner : quelle merveille ! Le poète s'est longtemps demandé : « Objets inanimés, avez-vous donc une âme ? » Si le doute est parf permis, une chose est sûre : les violoncelles et les violons en ont une !

Appoggiature

Pas question pour moi, évidemment, d'entrer dans des détails techniques ou musicologiques. Mais il y a en musique quelques termes un peu techniques que je trouve également particulièrement évocateurs ou attachants. C'est le cas du mot « appoggiature ». Outre que la sonorité même de ce mot rappelle que l'Italie a fait de la parole une musique, j'aime ce qu'il désigne : un ornement, un ajout à la mélodie, une note étrangère à l'harmonie principale, un son inattendu, qui « frotte » un peu et qui met en valeur la note qui suit. L'appoggiature rappelle qu'ici comme ailleurs, l'harmonie et l'accord parfait peuvent parfois être fades et qu'il faut l'irruption d'un élément étranger pour conférer à la mélodie une saveur plus épicée, plus riche, plus surprenante.

Annotations

À côté des indications classiques d'allure (*adagio*, *presto*, *andante*), certains compositeurs ont eu recours à de belles indications de caractère. Ce sont évidemment les romantiques qui ont été les plus inventifs et les plus féconds : « avec fantaisie »,

« emporté », « véhément ». De façon inattendue, les indications peuvent aussi donner des prénoms. Vous souvenez-vous de l'ancienne secrétaire d'État américaine Condoleezza Rice ? Ses parents l'ont baptisée ainsi car ils aimaient une indication souvent portée par Chopin au-dessus des portées : *con dolcezza*, « avec douceur ». Il n'est pas certain que la carrière politique de l'intéressée ait parfaitement reflété ce désir initial, mais l'intention y était !

On ne peut évidemment pas évoquer les annotations sans aborder le cas Erik Satie ! Les didascalies de ce dernier constituent un monde en soi, poétique, absurde, surréaliste, sarcastique, drôle. En voici quelques-unes, parmi mes préférées : « ne pas se moucher... », « accord très luisant », « un peu cuit », « peu saignant, dans le gosier », « comme un rossignol qui aurait mal aux dents ». Il n'y a là évidemment aucune consigne mais simplement une invitation faite aux interprètes à rester ouverts à l'étonnement, au second degré, à la liberté.

Tempo rubato

Voilà une expression sublime, et tellement romantique. Littéralement, elle signifie le « temps volé ». Il s'agit en réalité d'une liberté prise par l'interprète, parfois sur l'invitation du compositeur, avec la pulsation stricte de la mesure. Une façon de ralentir un peu ici pour accélérer ensuite là, une souplesse qui donne à la mélodie un caractère improvisé, comme si elle naissait sous les doigts de celui qui la joue. On ne se rend pas au concert comme à un défilé militaire, et cette agogique permet, comme le disait Liszt, de voir bouger les feuilles d'un arbre alors que le tronc reste immobile. J'aime infiniment l'idée que les musiciens puissent ainsi impunément voler du temps, alors que les écrivains, depuis Proust, s'obstinent à partir à la recherche du temps perdu.

Oreille absolue

L'un des très grands mystères de la musique. Il y a l'oreille absolue et l'oreille relative. Celui qui a l'oreille absolue sait dire le nom d'une note dès qu'il l'entend. Celui qui a l'oreille relative a besoin qu'on lui donne une note de référence pour pouvoir reconnaître une autre note, par l'écart entre les deux. Je suis un peu à mi-chemin : j'ai l'oreille absolue au demi-ton près. Je m'en accommode assez bien. Il doit être assez pénible d'avoir l'oreille absolue : chaque son devient une note, et on finit par nommer des notes à chaque fois qu'on entend un bruit, de façon obsessionnelle.

La plupart des musiciens professionnels ont une oreille infaillible. On en fait même des compétitions. Lors du concours de Besançon, qui est le plus grand concours de direction d'orchestre, une épreuve consiste à demander aux musiciens de l'orchestre qui servent de « cobayes » de glisser volontairement des fausses notes dans leur interprétation. Le chef, candidat au concours, est censé les repérer et arrêter l'orchestre pour dire quel musicien a commis la faute. Un jour, un candidat ne s'est pas arrêté de toute la pièce. Le jury pensait qu'il n'avait pas vu les fautes : tout au contraire, il les avait toutes mémorisées et à la fin du morceau, il les a données dans l'ordre, avec le numéro de la mesure, le musicien concerné et la note jouée à la place de la bonne !

Autographes

Je confesse un vice : j'ai un faible pour les autographes des musiciens ou de leur entourage. Il y a là, sans doute, une forme de fétichisme un peu dérisoire. À quoi bon s'accrocher aux traces matérielles de génies de l'esprit ? Pourtant, je guette les catalogues des ventes aux enchères où l'on disperse à l'encan des lettres ou des partitions. La plupart du temps de façon purement platonique, puisque mes moyens ne me permettent pas de m'offrir des manuscrits qui atteignent parfois plusieurs centaines de milliers d'euros !

Ce qui m'amuse, dans ces petits morceaux de papier, c'est qu'ils autorisent toutes les élucubrations et les travaux de détective ! J'ai ainsi pu m'offrir une lettre adressée par Franz Liszt en 1837 à un pianiste célèbre de l'époque du nom de Pierre-Joseph

Zimmermann. La lettre est ainsi libellée : « Huret et Fichet passeront probablement la soirée amicalement ensemble demain lundi. Soyez des leurs, mon cher Zimermann, vous leur ferez grand plaisir à tous deux. De 9 à 2 heures, c'est-à-dire soir et matin. » Mais qui pouvaient donc bien être ces Huret et Fichet ? J'ai découvert qu'il s'agissait des deux plus célèbres serruriers de l'époque (l'une des deux entreprises, Fichet, existe toujours !) et que *Le Figaro* avait comparé à la concurrence entre Huret et Fichet les « duels » pianistiques qui opposaient dans les salons Liszt à un autre pianiste, Thalberg, un peu à l'image des « *battles* » d'aujourd'hui. C'est ainsi, par le biais de cette lettre anodine, que l'on reconstitue une soirée à laquelle on aurait aimé assister, tapi dans un coin, entre trois des plus grands pianistes de l'époque !

Improvisation musicale

Les musiciens improvisateurs me fascinent plus encore que les orateurs improvisateurs. Il y a quelque chose de proprement époustouflant dans cette capacité qu'ont certains musiciens à faire surgir dans l'instant des mélodies et des harmonies sur un thème (musical, littéraire, historique) qui leur est donné à brûle-pourpoint. Une œuvre créée rien que pour vous, avec les ingrédients que vous choisissez (par exemple : « un orage, des fantômes, puis un arc-en-ciel et à la fin le thème de *La Marseillaise* », « Dialogue entre Bach et Mozart au Paradis des compositeurs » ou « Résistance »), voilà quelque chose qui relève pour moi du miracle ! Si de plus en plus de musiciens de formation classique s'adonnent à l'improvisation, cet art est d'abord, évidemment, celui des jazzmen, qui y ajoutent une dimension collective. Les qualités d'écoute, d'attention, de réactivité, d'ouverture aux propositions (comme dans le théâtre d'improvisation, d'ailleurs) font de l'improvisation de groupe une discipline à mes yeux vraiment à part, qui peut donner lieu à des moments de grâce, hors du temps.

Métronome

L'unique reliquat de mes études de piano. L'instrument est parti, reste ce Maelzel Paquet (Maelzel est le patronyme d'un ami de Beethoven qui a prétendu être l'inventeur du métronome, alors qu'il avait en réalité copié un instrument créé par un autre !). Cette petite pyramide triangulaire, au-devant de laquelle une tige de fer se balance en émettant un bruit sec à une cadence fonction du réglage vertical d'un petit poids qui lui est attaché, permet à la fois de déterminer la vitesse (le « tempo ») d'exécution d'un morceau en suivant les indications métronomiques du compositeur, et de s'assurer que l'on joue sans dévier de ce tempo.

Il y a pourtant quelque chose de profondément inhumain dans le caractère inflexible et imperturbable de la scansion du métronome là où la musique est avant tout respiration et liberté. Quelque chose d'un peu athlétique aussi. J'avais l'impression, lorsque je faisais des gammes et que mon professeur baissait le poids du métronome pour le faire aller plus vite et voir si je pourrais suivre le rythme, de regarder la barre monter devant un sauteur à la perche qui se demande : « Vais-je y arriver ? »

Modulation

Encore un mot merveilleux au confluent de la parole et de la musique. De la même façon qu'un bon discours doit jouer sur plusieurs registres (c'est la fameuse trilogie de Cicéron : plaire, émouvoir, instruire), la musique est d'autant plus riche qu'elle change de couleur. On dit alors qu'elle module. Personne n'écouterait une symphonie écrite sur une seule note jouée inlassablement au même rythme et selon la même intention (sauf les quelques pianistes qui ont réussi l'exploit de jouer seuls les *Vexations* de Satie, un motif d'environ deux minutes répété 840 fois, soit environ vingt-huit heures de musique !).

Opéra

Aller à l'opéra n'est pas seulement (voire pas toujours !) un acte musical : c'est aussi un acte social. On y croise encore des spectateurs en smoking ou robe longue, ou des touristes en tenue traditionnelle de leur pays. On y fait des relations publiques à l'entracte ou au souper. On en parle le lendemain autour de soi. Et puis il y a les aficionados, ceux qui connaissent toutes les œuvres, dans toutes les mises en scène de toutes les saisons à New York, Vienne, Moscou et Londres, dans toutes les distributions et dirigées par tous les chefs, et qui comparent doctement, avec l'assurance des initiés (une phrase, encore de Satie, sur les critiques : « Le critique sait tout, voit tout, dit tout, entend tout, touche à tout, remue tout, mange de tout, confond tout, et n'en pense pas moins » !).

L'opéra, ce sont les sentiments exacerbés : la trahison, la mort, le pouvoir, les dieux, l'amour, la vengeance, la jalousie. On pourrait organiser des procès fictifs de toutes les grandes figures de l'opéra. Je plaiderais volontiers pour Don José, qui a mille circonstances atténuantes d'avoir tué sa « Carmen adorée », ou pour Tosca, poussée au suicide par Scarpia !

Je l'ai dit, je n'avais pas le talent pour faire de la musique mon métier. À défaut, elle est devenue ma passion. Je me faufile parfois sur scène, avec le sentiment d'y entrer un peu par effraction, pour jouer le rôle de récitant dans des spectacles où la musique est accompagnée de textes. C'est une vraie joie qui me permet de conjuguer mes deux passions pour la parole et la musique. J'ai même chanté dans une opérette : *Mam'zelle Nitouche*, une œuvre charmante d'Hervé, racontant la double vie rocambolesque d'un organiste de couvent se muant le soir en compositeur de musique légère. J'y jouais le rôle d'un soldat ivre, de sorte que les défauts vocaux pouvaient aisément être mis sur le compte de l'alcoolisme de mon personnage ! Et lorsque je goûte ainsi le plaisir de la scène, je pense à la merveilleuse chanson de Juliette, *La Boîte en fer-blanc* :

Les lumières d'or
Sur la scène nue
L'envers du décor
Quand on est d'la r'vue
L'odeur, la poussière
Et les loges tristes
L'envie singulière
De faire l'artiste.

Singulière envie, qui maintient en vie.

À vous de jouer !

Voici un petit questionnaire musical avec lequel vous pouvez jouer quels que soient vos goûts. Il s'agit juste de répondre à la question oralement en développant, en deux ou trois minutes, les raisons de votre choix : ne vous contentez pas de nommer le morceau, évoquez par exemple les circonstances dans lesquelles vous l'avez découvert ou les moments où vous aimez l'écouter. Si la musique nous parle, c'est que comme la parole elle peut raconter, décrire, évoquer, plaire ou émouvoir. Jouez sur ces cinq registres pour justifier votre choix.

1. **Votre premier coup de cœur musical ?**
2. **Votre dernière découverte que vous voudriez partager ?**
3. **Un morceau que vous trouvez injustement oublié ?**
4. **Un morceau que vous trouvez injustement surcoté ?**
5. **Un morceau que vous avez un peu honte d'aimer ?**
6. **Un morceau que vous sifflez pour l'instant sous votre douche, mais grâce auquel vous rêveriez d'enflammer une salle de concert ?**
7. **Le plus grand musicien de tous les temps ?**
8. **Un morceau qui vous exaspère ?**
9. **Le morceau que vous emporteriez sur une île déserte ?**
10. **Un morceau que vous avez dans la tête toute la journée si vous l'entendez le matin ?**
11. **Un morceau qui vous arrache des larmes tant il est beau ?**
12. **Un morceau qui vous donne de l'énergie ?**
13. **Un morceau que vous voudriez tellement savoir jouer ?**
14. **Un morceau qui correspond à un moment précis de votre vie ?**
15. **Une musique de film que vous adorez ?**

Vous pourrez ainsi explorer toutes les émotions que la musique peut illustrer ou faire naître : l'allégresse, la révolte, l'angoisse, la tristesse, la peur, la surprise, l'ennui, la colère, la paix, l'amour, la sérénité, l'enthousiasme, le triomphe, l'agitation, l'extase…

Des mots d'amour, des mots de tous les jours

Dans un concours d'éloquence avait été donné le sujet : « Faut-il brûler les lettres d'amour ? » Le jury attendait probablement de profondes réflexions sur la nécessité d'abolir toute trace des correspondances intimes, parce qu'elles n'appartiendraient qu'à leurs auteurs et à leurs destinataires, et parce que, reflétant le feu d'un instant, elles n'auraient vocation qu'à se consumer dans la flamme qui les avait fait naître. Il escomptait sans doute aussi une histoire des auteurs de ces lettres, des plus célèbres (Sand-Musset, Hugo-Juliette, Camus-Casarès, Éluard-Gala) à la cohorte anonyme, interminable et touchante des amoureux transis, des courtisans fervents, des adolescents maladroits et des conscrits éloignés.

L'orateur fut plus habile. Contournant et esquivant la question, il se demanda ce qui resterait de la langue française si l'on brûlait les cinq lettres du mot « amour ». Plus de « a », plus de « m », plus de « o », plus de « u », plus de « r » : vieilles églises vides, villes inessentielles, existence inepte et inédit destin !

Cette dérobade illustre aussi la terreur qui envahit nos contemporains lorsqu'il s'agit de parler d'amour. La paralysie guette car les écueils sont nombreux : la maladresse, la banalité, l'égrillardise, la vulgarité, l'emprise. À tel point que la parole amoureuse se masque comme au temps des bals vénitiens et des loups de carnaval : on se rencontre sous pseudo, on se drague par photos, on s'aguiche sans les mots. Le cynisme est de mise, la sincérité est une incongruité, nous sommes devenus des analphabètes des sentiments.

Plus généralement, le discours de la société contemporaine sur l'amour est bien fade, et bien triste. Peut-être est-ce parce que les amours authentiques, le don de soi, le partage, la connivence, les papillons, l'élan se vivent dans le secret des alcôves et des cœurs, « portes refermées, possessions jalouses du bonheur », et n'ont pas vocation à passer des bancs publics à la place publique. Mais lorsque les rapports intimes cessent d'être une alchimie personnelle pour devenir un phénomène de société, lorsqu'il est question d'amour dans le débat politique, lorsque l'État, ce monstre froid, s'en mêle, c'est que la passion ne tourne pas rond.

L'amour a cessé d'être enfant de Bohême, il n'a jamais connu autant de lois !

Des lois bioéthiques, qui l'envisagent de façon purement mécanique et asséchée – mais comment pourrait-il en être autrement ? – à coups d'ovocytes, de procréation, de gestation, de filiation, de fiction, de parents d'intention, de fertilité, de parents biologiques, de conservation de gamètes, de transferts d'embryons *post-mortem*, le tout dans le but d'encadrer les désirs de parentalité.

Mais surtout des lois pénales, qui disent toutes la réprobation des actes de harcèlement, de réification, de contrainte de l'autre. Par ces lois, la société réaffirme inlassablement la valeur ultime et indépassable du consentement dans ce qui relève des tréfonds de l'intime. Elle proclame que les corps ne sont pas des choses, qu'ils ne sont que l'enveloppe charnelle de personnes, qu'il ne s'en fait pas commerce.

Toutes choses qui devraient relever de l'évidence et qui manifestement ne vont pas de soi, puisque certains ont cru que leur ascendant économique ou physique, la position de pouvoir qu'ils occupent dans des entreprises, des administrations ou des partis politiques, étaient de nature à les affranchir, même lorsque était en cause le rapport amoureux, de l'exigence pourtant immuable du consentement de l'autre. Mais précisément, il n'y a pas de porosité entre les hiérarchies sociales et le comportement amoureux : si les salaires ou les puissances ne se valent pas, les consentements, eux, sont tous égaux, et également indispensables.

J'ai pourtant regardé l'explosion du hashtag « Balance ton porc » avec une forme de circonspection. La délation, le pilori, l'absence de contradictoire, la condamnation sur désignation, l'affranchissement des règles légales d'administration de la preuve, tout cela me gêne aux entournures. Surtout, s'en est suivi un climat que je trouve assez délétère, où les rapports hommes-femmes se sont vécus sur le registre de la suspicion, de la méfiance, de l'affrontement. Tout séducteur devenait un violeur en puissance, la courtoisie d'un homme à l'égard d'une femme était regardée comme une marque caractéristique de sexisme, de machisme et de domination, et le simple fait d'accoster et d'engager la conversation faisait de vous un prédateur sans vergogne. Les femmes qui se disaient suffisamment responsables pour refuser ce qu'elles ne voulaient pas affrontaient à coups de pétitions celles qui demandaient l'interdiction, en amont, de toute proposition.

Une fois de plus, toute la difficulté réside donc dans le langage. Dire sans imposer. Parler autant qu'écouter. Confesser et respecter. Espérer le désir et accepter le refus. Parler mieux d'amour donc, mais en parler toujours. En aucun cas le mutisme, le dogmatisme, les positions de principe, les rancœurs, les stéréotypes, la rupture, l'opposition, la séparation, le rapport de forces, l'hygiénisme, le refus du contact, l'abstinence ne peuvent constituer une réponse pertinente au défi de la relation des sexes.

Hommes et femmes ne sauraient être condamnés à s'ignorer, à se regarder en chiens de faïence, à se côtoyer à distance respectable, à se toiser comme des boxeurs, sous prétexte que des rapprochements ont été criminels. Hommes et femmes sont voués à vivre ensemble depuis l'origine des temps – « Dieu créa l'homme à son image, homme et femme il les créa », narre la Genèse – et le risque inhérent à la rencontre vaut mille fois la sécurité desséchée de l'éloignement.

C'est précisément parce que la relation de séduction – c'est-à-dire étymologiquement le fait d'amener l'autre vers soi, et donc l'exact inverse de le forcer – est l'une des plus merveilleuses qui soient qu'il faut refuser le confort étriqué du puritanisme des sociétés sous blister.

Retrouvons les mots simples, authentiques et même banals qui disent sans faux-semblant et sans afféterie le frémissement du cœur, l'ardeur des sentiments, la vivacité du désir, l'évidence de la relation, la complémentarité, l'abandon, la tendresse, la communion d'esprit. Résistons au désabusement à la mode, soyons fleur bleue au point d'effeuiller les pâquerettes « un peu, beaucoup, passionnément, à la folie », et rêvons d'idylles sur fond de rires innocents.

Complicité

On pourrait voir dans le choix de ce mot une déformation professionnelle. Mais la complicité n'est pas qu'un concept de malfrats. La complicité, c'est d'abord l'impression pour deux amants d'être seuls au monde, de parler un langage unique, de se retrouver lovés dans un cocon protecteur, de se comprendre dans l'instant d'un regard, de tout partager sans avoir à rien se dire, de se trouver sans avoir à se chercher, de rire ensemble sans raison. C'est agaçant pour les autres, exclus de ce langage énigmatique et codé, mais tellement grisant pour ceux qui le parlent. Alors même si des couples ont choisi de vivre la double acception du terme dans des équipées funestes (Bonnie et Clyde, Florence Rey et Audry Maupin, Monique Olivier et Michel Fourniret), célébrons la complicité, le clin d'œil et la connivence, en nous souvenant que si les choses tournent mal, en amour comme au tribunal, les complices encourent tous la même peine.

Draguer

Je déteste ce mot. Il sent le bar miteux, la soirée pathétique, l'eau de Cologne frelatée, l'insistance poussive, les poncifs éculés, les formules toutes faites, la lourdeur lubrique du noctambule éconduit, le pervers au regard torve qui reluque au bal des pompiers. La drague, c'est la séduction au rabais, la cour *low cost*, celle du « tout pour le tout », du « sur un malentendu ça peut marcher ». Celle, aussi, du « ton père est un voleur, il a volé toutes les étoiles du ciel pour les mettre dans tes yeux », du « est-ce que tu as un plan, je me suis perdu dans tes yeux » ou du « tu n'as pas eu mal quand tu es tombée du ciel ? ».

Tout est dans le terme, d'ailleurs : « drague (n. f.) : engin de terrassement destiné à enlever, du fond d'un cours d'eau ou du fond de la mer, du sable, du gravier ou de la vase. » Ce n'est pas un flyer sur le consentement qu'il faudrait distribuer à l'entrée des boîtes de nuit, c'est le Larousse !

SIDA

J'ai grandi en plein cœur des années SIDA. L'amour y était d'abord envisagé sous l'angle de la peur et de la mort, dans une danse macabre d'Éros et de Thanatos. La sexualité était affaire non de désir et de plaisir, mais de VIH, de lymphocytes, de séropositivité, de préservatifs, des pratiques à risques, de tests de dépistage, de porteurs sains, de contaminations, de durées d'incubation, de stars fauchées par une maladie qui peinait alors à dire son nom, à la fois mystérieuse et honteuse. Il fallait se frayer un chemin, malaisé et escarpé, pour tenter de s'initier sans s'exposer, entre abstinence et inconscience.

Les traitements se sont, fort heureusement, développés, et si l'épidémie mortifère a reculé, il reste de cette époque, comme dans un effet d'hystérésis où la cause a disparu mais où la conséquence demeure, l'idée confuse d'une sexualité culpabilisée, d'un plaisir teinté de danger. Il reste aussi les mots bouleversants de Barbara :

Si s'aimer d'amour,
C'est mourir d'aimer,
Sont mourus d'amour,
Sida Sidannés,
Les Damnés d'amour,
À mourir d'aimer,
Ils sont morts d'amour,
D'Amour Sidanné.

Soirée

Déjà lorsque j'étais adolescent, le mot « boum » était très largement dépassé. On allait donc dans une « soirée ». Autrement dit une fin d'après-midi dans un garage de banlieue d'où l'on sortait la R16 des parents pour faire de la place, qu'on tapissait de boîtes d'œufs pour réduire la gêne des voisins et dans lequel un DJ faisait chauffer la piste en passant du Depeche Mode et du U2, une musique vraiment subversive, le tout dans une orgie de Pépito et de Banga. C'est dans cet environnement idyllique et propice qu'à l'heure redoutée et attendue des slows – sur laquelle régnait en maître *Careless Whisper* de George Michael – l'on essayait de « sortir » avec tel ou telle. Je n'ai d'ailleurs jamais compris pourquoi « embrasser » se disait « sortir », ce qui est objectivement contre-intuitif...

Il y avait donc les « soirées ». Et il y avait les « rallyes ». Mais là, je n'étais pas invité. Ils portaient des noms de pierres précieuses. Tout un symbole. Les rejetons de bonne famille y cultivaient un entre-soi de bon aloi, pour ne pas risquer de succomber à un mauvais garçon ou à une jeune fille infréquentable. Dès le collège, on s'y rassemblait pour des activités « théâtre », « musée », « bridge », auxquelles succédait au lycée la tant attendue activité « rock » qui permettait à des adolescents ayant emprunté le costume de leur frère et une cravate de leur père de faire tournoyer à s'en déboîter l'épaule une jeune fille en robe à smocks sur les six temps acrobatiques d'un rock essuie-glace. La reproduction des élites est à ce prix.

Consentement

Il y a dans ce mot, je trouve, un décalage entre le terme et sa signification. Le terme est froid, juridique, abstrait, aride, technique. Alors que la signification, lorsqu'il s'agit de relations humaines, est sublime. Ce moment où l'on sent que l'être désiré va s'abandonner, va chavirer, va succomber est l'un des plus beaux de la vie.

Les avocats en ont une vision singulière. Lorsque nous intervenons dans les affaires d'atteinte sexuelle, les prévenus (j'écris le mot au masculin parce que statistiquement ce sont quasi exclusivement des hommes) ont deux grands systèmes de défense. Soit ils contestent la relation elle-même, soit ils affirment que la plaignante était consentante. Dans une situation qui s'est le plus souvent jouée à huis clos, avocats et juges vont alors doublement sonder les reins et les cœurs : d'abord pour rechercher si la plaignante était effectivement consentante et ensuite, en admettant qu'elle ne l'ait pas été, pour déterminer si cette absence de consentement n'avait pu échapper au suspect. L'une des apories les plus délicates du métier d'avocat, et des relations humaines.

Chair

Évidemment, il faut bien que le corps exulte. Mais il n'y a là, finalement, qu'une affaire de centimètres, de minutes, d'hormones et de fluides qui n'est pas spécifiquement humaine. La fusion des corps est à la portée du premier phacochère venu. Et puis très vite, même avec l'imagination la plus débridée, l'affadissement guette et la chair devient triste. Restent alors les mots d'amour, qui distinguent les humains.

C'est ce qui fait aussi la supériorité ultime du fantasme sur sa réalisation. Alors que le fantasme est une cavalcade infinie de l'imagination, sa réalisation le réduit, le concrétise, dans les limites inévitablement décevantes du possible. Donner corps à ses désirs, c'est les avilir dans le réel. Il n'y a que des larmes sur les fantasmes réalisés. C'est le sens de la célèbre lettre adressée le 31 août 1857 par Baudelaire à Apollonie Sabatier, longuement désirée, après une unique nuit d'amour dont on dit (mais sans preuve) qu'elle aurait tourné au fiasco : « Il y a quelques jours, tu étais une divinité, ce qui est si commode, ce qui est si beau, si inviolable. Te voilà femme maintenant. »

Adultère

L'adultère, c'est l'amour maquisard, l'amour qui fait l'école buissonnière, l'amour qui se moque des regards en coin. C'est l'amour plus fort que les convenances sociales et que la force des habitudes. L'urgence des sentiments renverse le confort des institutions. Tant pis pour les allées du jardin à la française : les bosquets du jardin à l'anglaise valent aussi la peine d'être explorés. L'adultère, c'est aussi se faire du bien en faisant du mal. C'est vouloir ressentir à nouveau le frisson des premiers émois, passer à la clandestinité, retrouver les draps froids des hôtels discrets. C'est jouissif. Et en même temps, rien n'est plus beau que la fidélité, ce sacerdoce magnifique. Choisir, c'est renoncer.

Possession

Le langage amoureux utilise beaucoup de termes liés à la possession : « je t'ai dans la peau », « je suis possédé », « tu es à moi ». Certains, hélas, prennent cela pour argent comptant et considèrent que la relation est une véritable détention. Comment tant de couples ont-ils pu choisir comme symbole de leur amour un cadenas, qui défigure autant les villes qu'il dénature les sentiments ?

J'ai vu tant de fois, dans mon métier d'avocat, ces personnes qui ne peuvent exister ni ensemble ni séparément et ne peuvent vivre leur relation que sur le mode toxique du rapport de forces. J'ai vu aussi à longueur de comparutions immédiates ces femmes violentées, tuméfiées, humiliées, témoigner au procès de leur conjoint et certifier, contre toute évidence, qu'il n'était coupable de rien et qu'elles étaient tombées dans l'escalier, sous le regard désemparé du juge. J'ai même vu depuis le box un mari violent lancer à sa femme, pour lui rappeler qu'ils se reverraient un jour et qu'elle n'avait pas intérêt à l'enfoncer : « Il n'y a que les montagnes qui ne se rencontrent pas. »

Tout cela fait évidemment froid dans le dos. Ces relations de dépendance, de domination, de jalousie, de coups, de séquestration, de menaces, de chantage aux enfants n'ont évidemment rien à voir avec l'amour. Elles n'appellent qu'une réponse de répression de l'un et de protection de l'autre. Depuis l'affaire d'Outreau, la justice a un peu progressé dans le recueil de la parole des enfants. Mais elle n'a quasiment rien fait pour mieux recueillir la parole des femmes.

Citations

Si vous entrez dans un moteur de recherche le mot « citation », il vous est aussitôt proposé : « citation amour ». C'est à la fois rassurant – car les internautes s'intéressent à la question – et inquiétant – car ils cherchent ce qu'en ont dit les autres plutôt que de trouver leurs propres mots d'amour.

Trois citations, très célèbres.

D'abord celle de Saint-Exupéry : « S'aimer, ce n'est pas se regarder l'un l'autre, c'est regarder ensemble dans la même direction. » Je ne partage pas cette position. Je crois au contraire que l'amour véritable consiste à pouvoir à tout âge se perdre dans le regard de l'autre, ne regarder que lui, intensément, exclusivement, et retrouver dans ce regard l'embrasement premier. Se regarder l'un l'autre, c'est aussi se parler, pour entretenir le désir et l'alchimie, même lorsque les corps se sont usés ou lassés. Quand deux amoureux regardent dans la même direction, il y a un grand risque que cette direction soit celle de la télévision…

Ensuite celle de Lamartine : « Un seul être vous manque et tout est dépeuplé. » Sans doute. Mais l'inverse est vrai également : la relation amoureuse est évidemment exclusive d'autres passions, mais elle peut également distendre des amitiés. Un seul être vous manque, donc, et tout est repeuplé, puisqu'on redevient disponible à des relations de toutes sortes.

Enfin celle de Céline : « L'amour, c'est l'infini mis à la portée des caniches. » On reconnaît bien là le pessimisme de Céline sur la nature humaine. Mais quand bien même les hommes et les femmes ne se montreraient pas dignes de cette merveille infinie qu'est l'amour, est-ce une raison pour les en priver ? Caniches peut-être, mais c'est encore l'amour qui nous empêche d'avoir des vies de chien.

Surnoms

J'ai toujours du mal à comprendre les couples qui se parlent avec des intonations bêtifiantes, alors même qu'ils ont depuis longtemps quitté les rives du vert paradis des amours enfantines. De même, les surnoms de basse-cour (canard, mouton, lapin) laissent songeur lorsqu'on connaît le destin habituellement assigné à ces animaux. Si vous êtes en recherche de surnoms pour l'être aimé, voyez dans la correspondance – simplement amicale – de Sand et Flaubert : « mon troubadour », « mon révérend », « ton vieux camarade », « ami de mon cœur ».

Passion

C'est évidemment l'acmé que chacun cherche à éprouver, puis à entretenir. N'oublions toutefois pas l'étymologie : la passion est d'abord une souffrance. Au demeurant, je ne crois ni possible ni même souhaitable une incandescence permanente. Les feux doux – je n'ai pas dit la basse température – me paraissent plus raisonnables pour entretenir les braises, puisqu'ils réchauffent sans brûler. Les feux les plus ardents sont souvent éphémères : l'amour passion devient vite l'amour patience.

Mariage

Il y en a de toutes sortes. Avec ou sans chapeau, avec ou sans château, avec ou sans limo. J'aime bien le rituel. D'abord l'enterrement de vie de garçon (je ne parle pas des enterrements de vie de jeune fille, dont par hypothèse je ne sais rien !). Une dizaine de copains qui préparent cela dans le plus grand secret depuis six mois, le « prends ton vendredi, on t'attend en bas de chez toi à 8 heures », éventuellement un déguisement ridicule, une capitale d'Europe, un appartement loué pour l'occasion, trois jours de fête, de boîtes, de bars, de gages idiots, de célébration d'amitiés viriles, évidemment rien de vraiment licencieux. Une ultime catharsis des sens. Une forme de carnaval, somme toute, au vrai sens du terme : un moment de folie, pour que tout rentre ensuite dans l'ordre.

Et précisément quel contraste lorsque quinze jours après, tout ce petit monde se retrouve dans un manoir breton ou solognot, en jaquette-lavallière pour le marié et les témoins, costume cravate pour les garçons, talons-chignons pour les filles, et pour les enfants d'honneur tellement mignons des ceintures en liberty cousues main par bonne-maman. Cela n'a aucune importance : tout le monde n'a d'yeux que pour la mariée, évidemment radieuse et resplendissante, dans cette robe à la fois originale et classique d'un petit créateur qui lui avait été recommandé par son amie d'enfance qui s'est mariée l'été dernier. La cérémonie civile aura déjà eu lieu dans l'intimité : il reste donc le vin d'honneur et, pour les détenteurs du précieux sésame au dos duquel figurent le plan d'accès et une liste d'hôtels alentour, le dîner. Entrée tonitruante des mariés, discours des parents, PowerPoint des témoins à base de photos d'enfance ridicules mais pas trop, chansons des frères et sœurs auxquelles personne ne comprend rien, bénédicité si l'on est prosélyte, dîner : « Et vous alors, vous connaissez le marié ou la mariée ? », pièce montée (je n'ai jamais compris pourquoi on applaudissait le dessert...), un enfant qui titube après avoir fini les flûtes, une valse parce qu'on a pris des cours, du rock parce que c'est sympa, le reste parce que ça permet à tout le monde de danser, pas la jarretière parce que c'est vulgaire, les parents partent vers 1 heure, *Lacs du Connemara* vers 6 heures, nuit de noces qui ne signifie évidemment plus rien, brunch du lendemain où chacun essaie de retrouver une contenance en polo-chino. Et voilà, c'est fait, « on vient de marier le dernier, tous nos enfants sont désormais heureux sans nous ».

Divorce

Près de la moitié des mariages s'achèvent par un divorce, dans trois quarts des cas sollicité par l'épouse et majoritairement après quatre à six ans de mariage. C'est assez logique : comme chacun sait, l'amour dure trois ans, et l'hésitation avant d'engager la procédure un an ou deux ! Compte tenu de cette situation, de très nombreux avocats se sont spécialisés dans le droit du divorce. Ce sont souvent des femmes, d'ailleurs. Et l'on constate parfois qu'alors même que l'avocat devrait tenter de prendre du recul pour apaiser autant que faire se peut les relations des époux, beaucoup mettent au contraire de l'huile sur le feu au point que ce que nous appelons le « couloir du JAF » – celui, existant dans à peu près tous les tribunaux, où sont alignés les bureaux des juges aux affaires familiales – est souvent un lieu d'éclats de voix non seulement entre les parties, mais aussi entre les avocats, qui plaident comme s'il s'agissait de leur propre divorce ! Une façon sans doute, pour eux, d'allier l'utile à l'agréable… au détriment de la sérénité de la justice.

Amitié

« Parce que c'était lui, parce que c'était moi. » « L'un ne possédait rien qui n'appartînt à l'autre. » L'amour débarrassé du désir qui souvent le corrompt, et ainsi rendu à sa pureté. Et les paroles éternelles du Renard : « On ne connaît que les choses que l'on apprivoise, dit le renard. Les hommes n'ont plus le temps de rien connaître. Ils achètent des choses toutes faites chez les marchands. Mais comme il n'existe point de marchands d'amis, les hommes n'ont plus d'amis. Si tu veux un ami, apprivoise-moi ! »

Parole

Pour parodier une formule célèbre, je dirais : « Il n'y a pas d'amour, il n'y a que des mots d'amour. »

Et l'un des plus grands amoureux, Cyrano, le dit merveilleusement. Lorsqu'il constate que Roxane va céder à Christian uniquement parce que ce dernier aura dit les mots qui lui auront été murmurés, et qu'en croyant aimer la beauté de Christian elle aimera en réalité l'éloquence de son souffleur, il s'exclame : « Puisque sur cette lèvre Roxanne se leurre, elle baise les mots que j'ai dits tout à l'heure. » Vraiment, dans le baiser, c'est encore le langage qu'on honore.

À vous de jouer !

Dans ce domaine si délicat, rien ne vaut l'inspiration des grands écrivains. Saurez-vous attribuer à leur auteur ces magnifiques déclarations d'amour ?

1. **Je suis plein du silence assourdissant d'aimer.**
2. **Un jour passé près de toi, un seul jour pendant lequel je t'aurai regardé, m'aura valu toute une vie.**
3. **Je t'envoie des trésors de tendresse et d'adoration, mets-les au plus profond de ton cœur.**
4. **Je connais, moi, une fleur unique au monde.**
5. **Garde-moi dans un petit coin secret de ton cœur et descends-y dans tes jours de tristesse pour y trouver une consolation ou un encouragement.**
6. **La courbe de tes yeux fait le tour de mon cœur.**
7. **Mon petit que j'adore, à tes pieds que j'aime, je suis à toi, tout à toi. Mon souffle est lié au tien. Je suis tout ce que tu veux, ton esclave, ta servante, ta maîtresse et surtout celle qui t'aime.**
8. **Quand je lève les yeux vers vous on dirait que le monde tremble.**

9. Tu me tues. Tu me fais du bien.
10. Lorsque j'essaie d'imaginer notre avenir, j'étouffe presque de bonheur et une immense crainte me serre le cœur, ne pouvant pas croire à tant de joie dans ce monde.

A. Édith Piaf
B. Antoine de Saint-Exupéry
C. Antonin Artaud
D. Honoré de Balzac
E. Juliette Drouet
F. Paul Éluard
G. Maria Casarès
H. George Sand
I. Louis Aragon
J. Marguerite Duras

Réponses :
1-I
2-D
3-E
4-B
5-H
6-F
7-A
8-C
9-J
10-G

Les mots justes, juste des mots

Les mots sont la scansion de la vie. Ils sont présents à chacune de ses étapes importantes. Ils nous accompagnent dans ses dimensions scolaire, professionnelle, citoyenne, associative, relationnelle, personnelle. Ils nous aident à partager nos idées, à faire valoir nos convictions, à les faire émerger dans le débat avec ceux qui nous entourent.

Efforcez-vous toujours de parler avec les bons mots, ceux qui expriment au plus près votre pensée. Plus l'idée est subtile, plus les mots qui l'incarnent doivent être précis. N'ayez pas peur des mots précieux : le terme renvoie autant au raffinement des mots qu'à leur valeur.

Pour élargir votre vocabulaire, je ne connais rien de mieux que la lecture, dictionnaire en main, pour ne pas laisser passer la chance de découvrir le sens d'un nouveau mot.

Et puisque cette découverte doit toujours être ludique, je vous propose deux derniers petits jeux.

Le premier peut se jouer en famille ou entre amis, très simplement. Vous choisissez dans une œuvre de votre choix un passage d'une dizaine de lignes comportant des mots plus ou moins complexes, selon l'âge des autres joueurs. Vous masquez certains mots pour en faire un « texte à trous ». Vous le lisez à haute voix en demandant aux autres joueurs de remplir au fur et à mesure les trous. Vous pouvez soit noter sur une feuille les mots ôtés du texte (ce qui guidera les joueurs), soit laisser les joueurs trouver eux-mêmes le mot qui complétera au mieux la phrase.

Le second se joue seul. Il peut devenir quotidien. Il s'agit de lire un livre ou un article jusqu'à ce qu'on y trouve un mot que l'on ne connaît pas. On part alors à la recherche du sens de ce mot, de son genre, de son étymologie, des expressions dans lesquelles il se trouve, etc. On peut le noter sur un petit « carnet de trouvailles lexicales ». Le lendemain, on devra employer ce mot au moins deux fois. C'est en effet en mettant le mot en contexte qu'on se l'approprie et qu'on le mémorise.

Ces jeux, ainsi que ceux qui figurent au pied de chaque chapitre et tant d'autres (parmi lesquels le si célèbre mais toujours efficace « petit bac » !), vous permettront d'être toujours à l'affût des mots justes.

Quels que soient votre âge et l'étendue de votre vocabulaire, lancez-vous dans cette quête des mots justes. Vous avez tout à y gagner. Cela ne fonctionnera pas à tous les coups, mais le jeu en vaut la chandelle. Et finalement, ce ne sont que des mots : une imprécision n'est pas fatale, dédramatisez ! Même avec leur saveur, leur couleur, leur sonorité, les mots justes sont juste des mots.

Les mots – les mots écrits, bien sûr, mais aussi et surtout ces maudits mots dits – peuvent changer une vie. Je l'affirme non pas parce que je le pense, mais parce que je le sais : ils ont changé la mienne. Mieux trouver les mots pour mieux dire ses sentiments, ses engagements, ses émotions, ses passions, ses désirs, ses espoirs, c'est avoir une vie plus riche, plus épanouie, plus heureuse.

Une façon, en somme, d'avoir les mots non plus sur le bout de la langue, mais sur le bout du cœur.

Table

DU MÊME AUTEUR :

La parole est un sport de combat, JC Lattès, 2017.

PAPIER À BASE DE FIBRES CERTIFIÉES

Le Livre de Poche s'engage pour l'environnement en réduisant l'empreinte carbone de ses livres. Celle de cet exemplaire est de :
200 g éq. CO_2
Rendez-vous sur www.livredepoche-durable.fr

Composition réalisée par PCA

Achevé d'imprimer en France par
CPI BRODARD & TAUPIN (72200 La Flèche)
en août 2020
N° d'impression : 3039763
Dépôt légal 1re publication : septembre 2020
LIBRAIRIE GÉNÉRALE FRANÇAISE
21, rue du Montparnasse – 75298 Paris Cedex 06